PRÉPARER SES EXAMENS

GALOPS 1 à 4

ÉDITION 1999

programme officiel

Si tu le désires, tu peux remplir ce qui suit, et coller une photographie dans l'emplacement réservé :

Ton Nom ....

Ton Prénom..

Ton adresse...Tél ...

PHOTO

Nom et adresse de ton club...

Date de réussite de tes GALOPS :

1 .... 3 ....

2 .... 4 ....

Tes poneys ou chevaux préférés...

....

MALOINE

Ouvrages de la collection « Nouveaux examens d'équitation »

- Préparer ses examens : GALOPS 1 À 4
- Préparer ses examens : GALOPS 5 ET 6
- Préparer ses examens : GALOP 7
- Préparer ses examens : GALOP 8
- 100 questions-réponses d'examens : GALOPS 1 à 5
- 100 questions-réponses d'examens : GALOPS 6 et 7

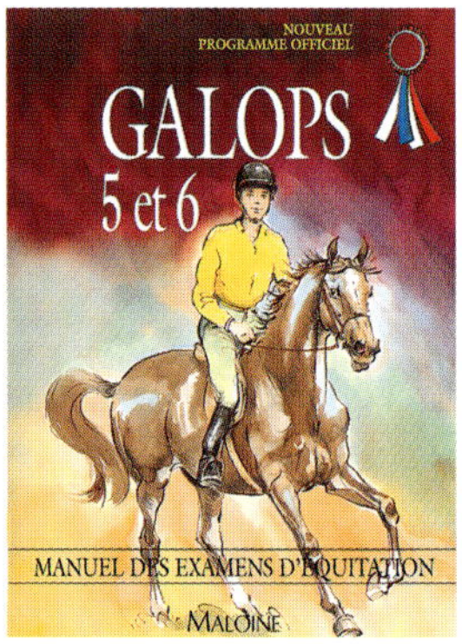

Illustrations (couverture et intérieur) : Yvan Benoist-Gironière

Dépôt légal : Mars 1999 - ISBN : 2-224-02594-7
ISSN : 1242-742X
Impression et reliure Pollina s.a., 85400 Luçon - n° 76892

TABLE DES MATIÈRES
NOUVEAU PROGRAMME OFFICIEL

GALOP 1

Après avoir pansé et amené sa monture en main sur le terrain, ÊTRE CAPABLE de se déplacer au pas et au trot.

ÉQUITATION

SOINS

CONNAISSANCES

GALOP 2

Après avoir effectué un pansage complet, bridé et sellé (s'il y a une selle) sa monture, ÊTRE CAPABLE de se déplacer aux trois allures.

ÉQUITATION

SOINS

CONNAISSANCES

GALOP 3

Après avoir vérifié le bon état général de sa monture et lui avoir ajusté le harnachement, ÊTRE CAPABLE de diriger sa monture aux trois allures, sur des sauts isolés ou en terrains variés.

ÉQUITATION

SOINS

CONNAISSANCES

GALOP 4

BREVET DE CAVALIER

**Le cavalier possédant une bonne connaissance :
de l'entretien, des besoins, de la locomotion et du comportement de sa monture, doit ÊTRE AUTONOME au trois allures, en terrain varié et dans l'enchaînement des sauts.**

ÉQUITATION

SOINS

Les soins ci-après s'ajoutent à ceux des galops 1, 2 et 3.

GALOP 4

CONNAISSANCES

Les thèmes ci-après s'ajoutent à ceux des galops 1, 2 et 3

• QUELQUES EXPRESSIONS À CONNAÎTRE

En équitation, comme dans tous les sports il est nécessaire de comprendre les expressions utilisées par le moniteur et les autres participants. Voici les principales :

Le **manège** est un espace fermé où évoluent les cavaliers. Sur les bords, des lettres servent de repères. Rectangulaire, ses dimensions sont habituellement: 60 m x 20 m ou 40 m x 20 m.

La **carrière** est un espace découvert, où les cavaliers peuvent s'entraîner. On parle de carrière d'obstacle ou de dressage.

La **reprise** est formée par un groupe de cavaliers qui montent en même temps, en suivant les conseils du moniteur. Généralement, les cavaliers ont sensiblement le même niveau.

La **piste** est le chemin que doit suivre le cheval, tout autour du manège ou de la carrière.

À SAVOIR

Lorsque les cavaliers travaillent individuellement ou en reprise, ils effectuent généralement des figures géométriques qui seront étudiées au galop 4.

Un cavalier **"piste à main droite"** tourne à droite. Sa main droite est dite **"main intérieure"** et sa main gauche: **"main extérieure"**.

C'est l'inverse s'il est **"piste à main gauche"**.

Quand deux cavaliers se croisent, celui qui marche "piste à main droite" reste sur la piste.

L'autre se décale sur une **piste intérieure**.

Lorsque le cheval est incurvé, sur un cercle par exemple, la main **intérieure** du cavalier se situe en direction du milieu du cercle.

La **ligne du milieu** est située au milieu du manège, dans le sens de la longueur.

Former la reprise signifie : se mettre à cheval l'un derrière l'autre à la suite du chef de reprise, tout en conservant ses distances (voir plus loin : distances à conserver).

Changer de main signifie changer le sens dans lequel le cavalier tourne à l'intérieur d'un manège ou d'une carrière.

• PRINCIPALES RÈGLES DE SÉCURITÉ À CHEVAL

- N'entre pas dans une carrière ou un manège, sans demander l'autorisation au moniteur car ton entrée pourrait gêner les chevaux qui y travaillent.

- Avant de former la reprise, il faut se ranger l'un à côté de l'autre sur la ligne du milieu, pour éviter les querelles entre les chevaux.

- Ne monte pas à cheval si tu ne portes pas de bombe.

- Reste arrêté tant que le moniteur ne t'invite pas à avancer.

- Dans un manège, le cavalier qui marche piste à main droite ou à l'allure la plus élevée a la priorité sur les autres.

- En reprise et à l'extérieur, il faut "conserver ses distances": environ la longueur d'un cheval entre deux chevaux.

À SAVOIR

Lorsque tu es en selle, assure-toi que les étrivières et les rênes sont disposées à plat. Tu peux t'entraîner à monter à droite, c'est parfois utile en extérieur par exemple.

EQUITATION

• MONTER ET DESCENDRE DE CHEVAL

Pour monter à cheval, voici comment procéder en utilisant l'étrier gauche :

- Vérifie le sanglage de la selle pour éviter qu'elle tourne.
- Descends les étriers et règle la longueur des étrivières en les comparant à celle de ton bras : place le poing fermé sous le petit quartier et, normalement, le plancher de l'étrier doit arriver sous ton aisselle. Assure-toi que les deux étriers sont à la même hauteur en te plaçant devant le cheval.
- Place-toi au niveau de l'épaule gauche du cheval, en te tournant légèrement vers l'arrière.
- Pour que le cheval reste en place, ajuste les rênes et maintiens-les à plat sur l'encolure avec la main gauche, en saisissant éventuellement une poignée de crins.
- En dégageant la branche arrière de l'étrier gauche, engages-y ton pied gauche.
- Saisis le troussequin avec la main droite, prends appel sur le pied droit et mets-toi en selle en ayant soin de pencher le buste en avant pour éviter de tirer la selle sur le côté. Ne pique pas le flanc du cheval avec la pointe de ton pied gauche et n'effleure pas sa croupe en passant ton pied droit de l'autre côté.
- Assieds-toi légèrement en selle, chausse l'étrier droit et ajuste les rênes.

Te voilà prêt !

À SAVOIR

En montant sur le cheval, évite de tenir la selle à deux mains car cela a tendance à la faire tourner. Il est préférable de te tenir au troussequin avec la main droite, et de prendre une poignée de crins avec la main gauche tout en maintenant les rênes avec cette main.

• MONTER À CHEVAL SANS ÉTRIER

Pour monter un cheval à cru (sans selle), ou monter sans utiliser les étriers, tu peux sauter ou te faire “donner la jambe”, par une personne à pied. Place-toi au niveau de l’épaule gauche du cheval, et ajuste tes rênes :

- Pour sauter à cheval, saisis une poignée de crins avec la main gauche en avant du garrot et mets la main droite sur le pommeau de la selle ou sur le garrot. Prends appel sur les deux pieds, saute et tiens toi sur tes bras tendus avant de te pencher en avant et de passer ta jambe droite par dessus la croupe.

- Pour monter en te faisant “donner la jambe”, présente ta jambe gauche repliée vers l’arrière à une personne qui la saisit au niveau du tibia et t’aide à te hisser en selle.

  Assieds-toi toujours doucement pour ne pas heurter le dos du cheval.

• DESCENDRE DE CHEVAL

- Pour descendre, ajuste tes rênes pour immobiliser le cheval et tiens-les à plat avec la main gauche au niveau du garrot.

- Déchausse les étriers, prends appui avec les deux mains au niveau du garrot, incline ton buste en avant et rejette la jambe droite par dessus la croupe sans l’effleurer.

- Laisse-toi glisser sur le côté gauche du cheval et mets souplement pied à terre.

- Il reste à passer les rênes par dessus l’encolure, à remonter les étriers et à dessangler de deux trous.

À SAVOIR

Un exercice de voltige consiste à descendre en passant la jambe droite par dessus l’encolure et à sauter à terre. Fais tenir le cheval, car cette manière de descendre peut s’avérer dangereuse s’il relève brusquement la tête pendant que tu passes la jambe vers l’avant.

COMMENT TENIR LES RÊNES

Tu peux tenir une rêne dans chaque main ou les deux rênes dans une main. En position de travail, les deux rênes sont ajustées et d'égale longueur, conservant constamment un contact doux avec la bouche du cheval.

• UNE RÊNE DANS CHAQUE MAIN

En partant de la bouche du cheval, la rêne passe sous l'auriculaire (petit doigt), et ressort entre le pouce et l'index. Le pouce est en contact avec la face brillante de la rêne.
Les ongles des mains se font face, les pouces vers le haut. Le flot libre des rênes passe à droite entre la rêne droite et l'encolure.

• LES DEUX RÊNES DANS UNE MAIN

- Lorsque les deux rênes sont tenues d'une manière classique dans la main gauche, le petit doigt les sépare. Les deux rênes superposées sont maintenues entre le pouce et l'index.

- Les deux rênes dans la main droite peuvent être tenues différemment. Avec cette manière moins classique, elles arrivent de la bouche du cheval, sont séparées par l'index et sortent toutes deux vers le bas.

• POSITION DES AVANT-BRAS

Lorsque tu tiens les rênes, les pouces sont vers le haut, les ongles se font face.
Tes coudes tombent naturellement le long du corps.
Tes avant-bras, tes poignets et les rênes, doivent former des lignes droites, sans présenter de cassure au niveau des poignets.

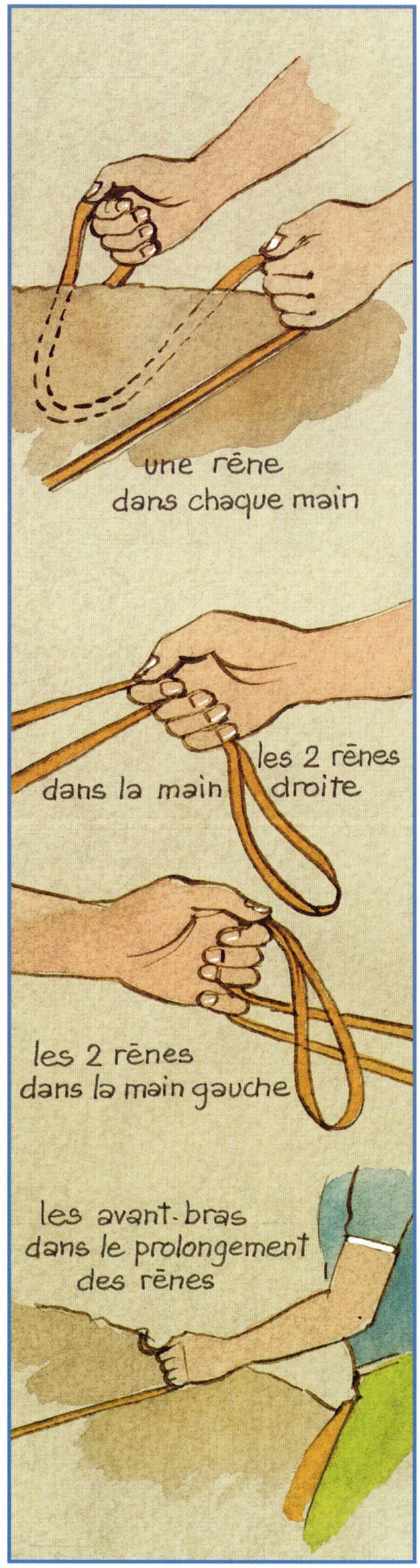

À RETENIR

En tenant les rênes, le pouce prend place sur la face externe des rênes (face brillante).
Pouce et index sont serrés sur les rênes et les autres doigts, plus ou moins serrés, assurent la souplesse du contact.
Veille à ce que les rênes ne soient pas entortillées.

AU PAS

avec étriers,
si tes jambes sont bien placées, tu peux te mettre en suspension sans effort

RECHERCHER SON ÉQUILIBRE ASSIS

A cheval, il faut être assis sur le siège de la selle, assez près du pommeau, d'aplomb sur ses deux fesses.

Le buste et la tête sont droits, comme lorsque tu te tiens debout. tes épaules en position normale ne doivent pas s'avancer, ce qui arrondirait ton dos.

Tes jambes tombent naturellement, pointes vers le bas lorsque tu es sans étriers, et talons bas lorsque tu as chaussé les étriers.

Les mains sont dirigées dans le prolongement des avant-bras.

Lorsque le cheval est en mouvement, la souplesse de ton rein et le jeu de tes articulations, te permettent de suivre tous les mouvements du cheval.

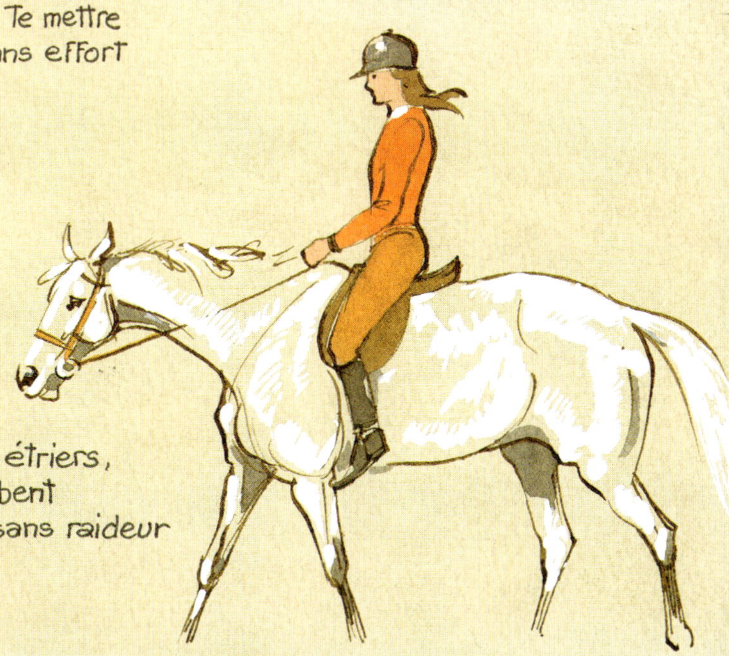

sans étriers,
Tes jambes tombent naturellement, sans raideur

AU PAS

S'ARRÊTER

Pour ralentir et s'arrêter, le cavalier agit sur la bouche du cheval par l'intermédiaire du mors et des rênes. Quelle que soit l'allure, l'action doit être progressive, sans à-coup ni brutalité.
Comment procéder :

- Serre progressivement les doigts sur des rênes ajustées tout en soutenant les poignets, ce qui augmente la tension des rênes.
- Grandis en même temps ton corps ;
- Conserve les jambes au contact, pour que le cheval s'arrête droit.
- Dès que le cheval a obéi, cède en relâchant légèrement la tension des rênes.

● QUELQUES ERREURS À ÉVITER

- Si tu agis trop brusquement avec les mains, la bouche du cheval en souffre et il peut donner des coups de tête vers le haut.
- Si le cheval ne sent pas le contact de tes jambes, il peut se mettre de travers en s'arrêtant.
- Si tu ne relâches pas la tension des rênes lorsqu'il est arrêté, le cheval peut reculer.

À SAVOIR

Si le cheval rechigne à s'arrêter, augmente la tension des rênes. Si tu sens que le cheval est nerveux, parle lui calmement en lui disant : "holà, holà" et en le caressant dès qu'il t'a obéi. Attention à ne pas serrer les jambes en même temps que les doigts (manque d'indépendances des aides).

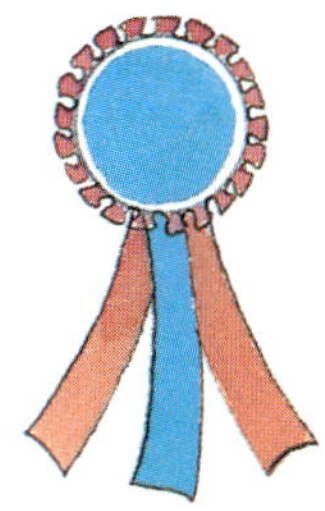

AU PAS

PARTIR AU PAS

Les rênes doivent être ajustées pour que le cheval se sente guidé.

- Desserre légèrement les doigts sur les rênes, mais sans les lâcher.
- Pour faire avancer le cheval, agis avec tes jambes car il a été dressé de cette façon. Tes mollets doivent exercer des pressions simultanées (les deux en même temps) juste en arrière de la sangle.
- Répète énergiquement ces pressions jusqu'à ce que le cheval t'obéisse en se portant en avant, mais sans écarter les jambes pour frapper ses flancs.
- Lorsque le cheval est au pas, laisse ton bassin accompagner les mouvements du cheval en gardant le rein souple.
- Laisse les bras suivre le balancement de l'encolure.
- Si le cheval cherche à s'arrêter, agis immédiatement avec tes jambes.

• À NE PAS FAIRE

N'agite pas les mains lorsque tu agis avec tes jambes, car tu donnerais deux ordres contradictoires au cheval. En effet, le cheval ne peut pas comprendre que tes jambes lui demandent d'avancer, alors que les à-coups qu'il reçoit dans la bouche l'incitent à s'arrêter.

À SAVOIR

La présence d'une cravache tenue dans la main, incite le cheval à mieux obéir aux jambes. Tu peux agir avec la cravache au niveau de l'épaule, ou en arrière de tes jambes, mais sans transmettre d'à coup à sa bouche. La cravache est tenue vers le bas dans la main située du côté intérieur du manège, ce qui incite le cheval à rester sur la piste.

GALOP 1

ÉQUITATION

AU PAS

ENTRETENIR LE PAS

Lorsque le cheval est au pas, il faut l'inciter à continuer à avancer en entretenant son impulsion.

Les chevaux particulièrement mous ont besoin de beaucoup d'actions de jambes pour avancer alors que d'autres, "plus chauds" se portent vivement en avant, sur une simple pression des mollets.

A toi de doser tes actions en fonction du tempérament du cheval.

Si le cheval ralentit, agis énergiquement avec tes jambes pour qu'il comprenne bien que tu es décidé à te faire obéir.

Pour entretenir le mouvement en avant, agis avec ton bassin. En augmentant l'amplitude des mouvements de ton bassin, tu incites le cheval à allonger son pas.

En allongeant son pas, le cheval a tendance à allonger son encolure en la tendant vers l'avant et vers le bas. Il a donc besoin de rênes plus longues, et tes mains doivent accompagner les mouvements de son encolure.

Pour inciter le cheval à garder la piste, tu peux raccourcir légèrement la rêne extérieure (côté mur).

CONDUIRE SUR DES COURBES LARGES

Puisque tu sais maintenant mettre ton cheval en mouvement, entretenir son pas et le garder sur la piste, il va falloir apprendre à tourner et à le "conduire sur des courbes larges". Au niveau du galop 2, on te demandera de le "conduire sur des courbes serrées", ce qui est un peu plus difficile.

Que la courbe suivie par le cheval soit large ou serrée, elle doit être régulièrement arrondie, sans présenter de cassure.

Voici comment procéder pour tourner :

- Préparation
  Avant de tourner ajuste tes rênes, à la même longueur et entretiens le mouvement en avant avec tes jambes car en tournant, le cheval a tendance à ralentir.
- Comment tourner à droite
  Les différentes manières de tourner sont étudiées en détail au galop 3.
  A ton niveau, il suffit de regarder vers la droite en tournant en même temps les épaules légèrement vers la droite.
- Pivote le poignet de la main droite pour diriger les ongles vers le haut. Porte cette main vers la droite, en suivant le mouvement de ton buste. Le bout du nez du cheval est attiré vers la droite. L'encolure s'arrondit vers la droite et le cheval tourne dans ce sens.
- En portant ta main droite vers la droite, ta main gauche avance, pour permettre à l'encolure de s'arrondir.
  En écartant plus ou moins la main droite, tu règles le tracé de la courbe.
  Pour tourner à gauche, agis de la même manière, mais en sens inverse.

ERREURS À ÉVITER

Surtout, ne tire pas en arrière avec les mains car la bouche du cheval en souffre et tu le ralentis. Les actions de mains doivent être douces, sans brutalité.

GALOP 1

ÉQUITATION

AU TROT

DÉCOUVRIR SON ÉQUILIBRE

En observant le cheval au trot, tu peux constater qu'en trottant il se projette vers le haut par saccades. Le cavalier en selle ressent ces mouvements brusques et inconfortables qui n'existaient pas au pas. Il faut une certaine habitude, pour arriver à trotter en restant assis, en absorbant ces à-coups par le jeu de ton rein. Pour ne pas souffrir de ces à-coups, tu apprendras plus tard à "trotter enlevé" en te dégageant de la selle, en rythme avec les mouvements du trot.
Pour pouvoir se dégager de la selle, il faut, comme au pas, te mettre au dessus de tes pieds en inclinant légèrement le buste en avant sans arrondir ton dos. Après avoir découvert cette position en équilibre au pas, mets ton cheval au trot.
Comme au pas, tu peux prendre appui avec les mains en avant du garrot tout en conservant les rênes ajustées.

À SAVOIR

Pendant les longues courses d'endurance, certains cavaliers restent constamment en équilibre au dessus des étriers pour fatiguer le moins possible le dos de leur cheval.

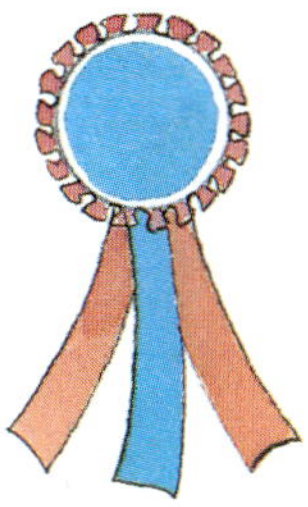

S'ÉQUILIBRER SUR LES ÉTRIERS

Après t'être mis en selle, vérifie la longueur des étrivières. Celle-ci est variable en fonction de l'activité pratiquée.
En règle générale: le plancher de l'étrier (partie la plus basse), doit arriver sensiblement au niveau de la cheville lorsque la jambe tombe naturellement, étrier déchaussé.

• COMMENT CHAUSSER LES ÉTRIERS

En pendant naturellement, le plancher des étriers se place parallèlement à l'axe du cheval. Pour introduire les pieds directement dans les étriers sans te servir de tes mains, il suffit de lever les pointes des pieds et les tourner vers l'intérieur en direction du cheval. Vérifie que les étrivières sont bien disposées à plat contre tes jambes.

• POSITION DES PIEDS DANS LES ÉTRIERS

L'étrier ne doit pas être chaussé à fond, mais à environ un tiers du pied.
Dirige les pointes des pieds vers l'avant, et non sur les côtés.
En décontractant les jambes, celles-ci descendent naturellement: "talons bas", c'est la bonne position.

À SAVOIR

Lorsque tu es en équilibre sur tes étriers, ta souplesse générale est obtenue par le jeu des articulations des hanches, des genoux et des chevilles. Ces dernières jouent un rôle d'amortisseur.

AU TROT

PARTIR AU TROT

En augmentant sa vitesse, le cheval qui marche au pas passe naturellement au trot.
Au pas, les rênes doivent être ajustées pour que le cheval se sente guidé.
Pour partir au trot, desserre légèrement tes doigts, et agis avec les deux jambes en même temps, par des pressions progressives. Le cheval allonge le pas et passe au trot si tes actions de jambes sont suffisamment vigoureuses.
Tu ressens ce passage du pas au trot, par des secousses rythmées sur l'allure du cheval.
Il faut absolument éviter d'agiter tes mains, pour ne pas transmettre d'à-coups à la bouche du cheval.
Pour amortir les secousses, il est préférable de trotter enlevé.
Mais si tu restes au trot assis, ne te penche surtout pas en avant, car ton rein ne pourrait pas amortir les secousses du trot. Au trot assis, il faut rejeter les épaules en arrière et laisser jouer la souplesse du rein, tout en étant assis le plus en avant possible sur la selle.

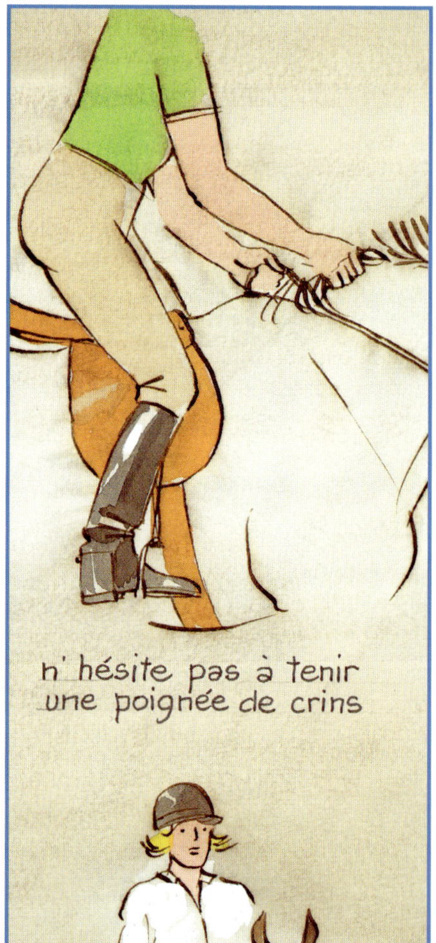

ÉQUITATION

À SAVOIR

Au trot assis, certains chevaux sont plus confortables que d'autres. Pour "travailler ton assiette" il est indispensable de faire régulièrement des séances de trot assis, même si cela te semble inconfortable au début. C'est en montant souvent que tu prendras de l'aisance et de la fixité à cheval.

ENTRETENIR LE TROT

Tout en conservant une distance équivalente à la longueur d'un cheval avec celui qui te précède, ne laisse pas le cheval quitter la piste ou repasser au pas. Que tu sois au trot assis ou au trot enlevé, il faut garder les mollets au contact du cheval et agir chaque fois qu'il ralentit. Ne lui laisse pas l'occasion de désobéir. Tes actions de jambes doivent être très progressives, car si tu agis trop fort, le cheval peut accélérer brutalement et partir au galop. Tu dois trotter à vitesse régulière, en accord avec les autres cavaliers de la reprise.

AU TROT

REVENIR AU PAS

Si tu es au trot enlevé, ralentis le cheval en serrant les doigts sur les rênes. Lorsqu'il ralentit suffisamment son trot, redresse ton buste, reste quelques foulées au trot assis tout en continuant à serrer les doigts sur les rênes pour que le cheval continue à ralentir. Il passe alors progressivement au pas.
Lorsqu'il est au pas, ouvre tes doigts pour lui permettre d'allonger son encolure, mais garde le contact avec sa bouche. Accompagne avec tes mains les mouvements de l'encolure.
Les jambes restent au contact, car le cheval doit conserver un pas actif.
Toutes les actions de mains doivent être douces et progressives.

À SAVOIR

Tu as certainement remarqué qu'il est plus difficile de faire obéir un cheval en "travaillant individuellement" qu'en se suivant en reprise. Instinctivement, les chevaux ont en effet tendance à se suivre et à imiter les attitudes de leurs compagnons.

AU GALOP

DÉCOUVRIR SON ÉQUILIBRE

En augmentant sa vitesse, le cheval qui trotte passe naturellement au galop par “allongement d’allure”.

Au galop le dos du cheval effectue un mouvement de bascule que le cavalier doit accompagner.

Il y a deux manières de galoper :

- En restant assis en contact avec le cheval, garde le buste d’aplomb.
- En se mettant en équilibre au dessus des étriers.

Pour trouver ton équilibre au **galop assis** sans décoller de la selle, tu dois maintenir le dos droit sans t’appuyer sur les étriers. La souplesse de ton rein et le libre jeu de tes articulations te permettent de suivre les mouvements du dos de ta monture.

Au galop rapide, il est difficile de suivre les mouvements de bascule. Il est alors préférable de **galoper en suspension**; raccourcis les étrivières de deux trous au minimum. Recule un peu les jambes, baisse tes talons, avance la ceinture, incline légèrement le buste en avant sans l’arrondir. Plus les étriers sont courts, plus tes articulations sont fléchies et plus le buste doit être incliné en avant.

Les rênes sont ajustées, mais les mains doivent accompagner les mouvements de l’encolure.

Les jambes entretiennent le galop.

● EN PRATIQUE

Dans un manège, pour apprendre à galoper assis, tu peux :

- Tenir le pommeau de la selle avec la main intérieure en rallongeant cette rêne.
- Garder le cheval sur la piste en raccourcissant légèrement la rêne extérieure.
- Agir avec tes jambes pour mettre le cheval au galop tout en rejetant tes épaules en arrière sans te pencher en avant.

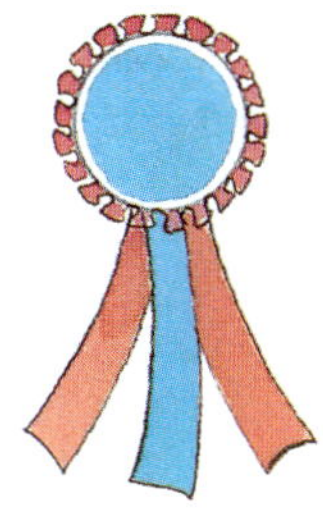

À SAVOIR

Naturellement, le cheval se met légèrement de travers au galop : on dit qu’il se traverse. Veille à ce que le cheval ne profite pas de ton manque d’équilibre pour faire un écart ou quitter la piste.

ABORDER, METTRE UN LICOL, ATTACHER

ABORDER

Les chevaux ont des caractères différents, mais restent souvent craintifs. Quelle que soit la situation, préviens le cheval de ton arrivée en lui parlant calmement, pour éviter de le surprendre. Il est préférable de l'aborder du côté gauche car il en a l'habitude. Suivant les cas, respecte les précautions suivantes.

• ABORDER UN CHEVAL ATTACHÉ

S'il est attaché dans une stalle ou contre un mur, appelle-le par son nom pour ne pas le surprendre. Approche-toi de sa tête en passant de préférence du côté gauche, mais ne reste pas derrière lui. Ne te laisse pas coincer contre le bat-flanc ou le mur: pousse-le sans brusquerie pour qu'il libère le passage.

• ABORDER UN CHEVAL DANS UN BOX

Après être entré dans le box, évite de laisser la porte ouverte, car il pourrait s'échapper. Dirige-toi vers sa tête, et ne te laisse pas coincer contre le mur ou dans un coin.

• ABORDER UN CHEVAL EN PÂTURE

Avance doucement vers lui en lui parlant pour ne pas l'effaroucher. Tends la main en lui présentant éventuellement une friandise pour le mettre en confiance. Surtout, ne cours pas car il sera toujours plus rapide que toi. Dirige-toi vers sa tête et passe-lui le bras, ou la corde du licol, autour de l'encolure. Mets ensuite le licol.

SOINS

PRÉCAUTIONS

Ne te laisse pas bousculer et dans un groupe, fais attention aux querelles de chevaux. Face à un cheval irritable, reste ferme et ne te laisse pas impressionner. Reste toujours calme et n'inquiète pas le cheval en criant et en gesticulant.

ABORDER, METTRE UN LICOL, ATTACHER

METTRE UN LICOL ET ATTACHER

Le licol permet de conduire le cheval en main et de l'attacher avec une longe.

• COMMENT METTRE LE LICOL

■ **Préparer le licol**
Avant d'aborder le cheval, déboucle le licol. Prends dans la main droite la longue lanière (dessus de tête), et dans la main gauche la muserolle du licol. La longe peut être passée au bras pour ne pas traîner par terre.
Place-toi du côté gauche du cheval, près de la tête. Présente le licol en passant la main droite, du côté droit de sa tête. Engage la muserolle autour de son nez avec la main gauche.
En même temps, la main droite passe l'extrémité du dessus de tête par dessus la nuque, juste derrière les oreilles. Il reste à boucler le licol avec les deux mains et à vérifier son réglage. Des modèles particuliers en corde, sont équipés d'un système de boucle à crochet.

■ **Ajuster le licol**
La muserolle est ajustée à mi-chanfrein sans comprimer les naseaux et sans être trop serrée, ce qui gênerait l'ouverture de la bouche.
Un licol trop petit ou bouclé trop court comprime la gorge et le chanfrein et gêne la respiration.
Trop lâche, il ne tient pas en place.

POINTS DE REPÈRES

La muserolle est ajustée à mi-chanfrein sans comprimer les naseaux et sans être trop serrée, ce qui gênerait l'ouverture de la bouche. Un licol trop petit ou bouclé trop court comprime la gorge et gêne la respiration. La têtière doit prendre place juste derrière les oreilles.

ABORDER, METTRE UN LICOL, ATTACHER

ATTACHER LE CHEVAL

Certains chevaux supportent mal d'être attachés, surtout lorsqu'ils sont seuls. Ils peuvent tirer dangereusement sur la longe pour essayer de se libérer. On dit dans ce cas qu'ils "tirent au renard". Voici les principales précautions à respecter :

• OÙ L'ATTACHER ?

N'attache pas un cheval n'importe où. L'endroit doit permettre de circuler librement autour de lui. Ne l'attache pas dans un endroit de passage ou trop près d'un autre cheval. Dans la nature, il est préférable de nouer la longe à une branche souple pour laisser un peu de liberté au cheval. Vérifie qu'aucun objet dangereux tout autour ou sur le sol ne peut blesser le cheval.

• QUELLE HAUTEUR D'ATTACHE ?

Un cheval attaché trop bas risque de se prendre un antérieur dans la longe, de paniquer et se faire une dangereuse "prise de longe". La bonne hauteur du point d'attache correspond à la hauteur de l'anneau du licol lorsque le cheval prend une position normale. Il est préférable de l'attacher un peu trop haut que trop bas. Les anneaux d'attache utilisés pour toutes les tailles de chevaux, doivent être placés à environ 1,30 m de hauteur, voire plus haut.

• QUELLE LONGUEUR DE LONGE ?

Attaché trop long, le cheval peut se prendre un antérieur dans la corde. A l'inverse il peut se sentir prisonnier d'une longe trop courte qui manque d'élasticité. La longueur d'attache doit être un peu plus longue que la longueur de ton bras (environ 80 cm). L'idéal est de disposer un billot au bout de la longe qui la garde constamment tendue.

PRÉCAUTIONS

En nouant la longe, ne laisse pas tes doigts dans la boucle, car le cheval peut la resserrer brusquement en tirant. Dans la nature, les randonneurs attachent plusieurs chevaux sur des lignes tendues entre deux arbres. Cela évite que les chevaux enroulent leur longe autour des arbres ou rongent l'écorce.

ABORDER, METTRE UN LICOL, ATTACHER

● LE NOEUD D'ATTACHE

Le nœud d'attache a l'avantage de se défaire par une simple traction sur l'extrémité libre de la longe. Entraîne-toi plusieurs fois à le nouer. Pour éviter que le cheval se détache en jouant avec l'extrémité de la longe, tu peux terminer ton noeud par des bouclettes.

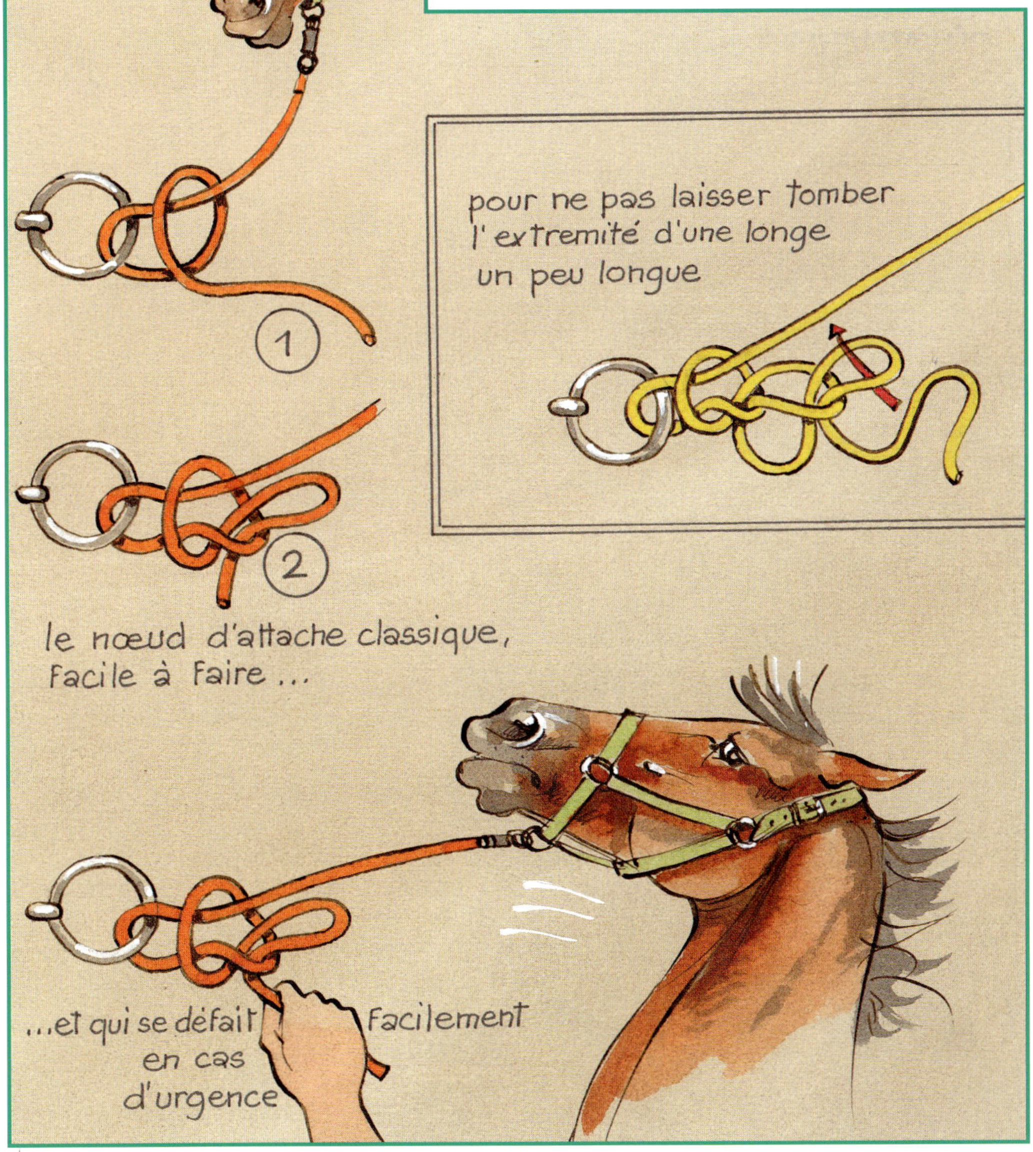

EFFECTUER UN PANSAGE ÉLÉMENTAIRE

Le cheval que tu montes doit être propre.
Le pansage nettoie le poil, démêle les crins, masse le cheval et lui procure une sensation agréable qui renforce votre complicité.
C'est également l'occasion de vérifier que tout va bien, et qu'il n'est blessé nulle part.

QUAND PANSER LE CHEVAL

Il faut panser le cheval avant de le monter, mais quelques soins sont également nécessaires après le travail.

PANSAGE ÉLÉMENTAIRE

• CURER LES PIEDS

■ Cure les pieds à l'intérieur du box, ce qui évite de salir la cour du club avec les "galettes de fumier" collées sous les sabots. Les pieds doivent être également curés au retour du travail pour s'assurer qu'un éventuel caillou n'est pas coincé sous le sabot.

■ Pour lever les pieds, place-toi de côté, tourné vers l'arrière. Glisse ta main le long du membre et soulève le pied.

Ensuite :

■ Pour un **antérieur**, plie le membre en le soulevant et tiens le fermement au niveau du sabot.

■ Pour un **postérieur,** soulève le pied en le tenant par le paturon, recule-le et pose-le éventuellement sur ton genou.
Avec le cure-pieds, cure alors les lacunes latérales et dégage complètement la sole.

Chaque fois que tu lèves un pied, dis au cheval: "donne", ou "pied". Il s'habitue alors à donner son pied lorsque tu le lui demandes.

Tout en restant à la gauche du cheval, tu peux l'habituer à donner ses 4 pieds de ce côté.

PRÉCAUTION

Pour inciter le cheval à soulever son pied, une astuce consiste à tirer sur le fanon ou à pincer au dessus du boulet. Retire ton propre pied avant de lâcher le sabot. En soulevant un pied, surtout laisse le dans l'axe du cheval sans le tirer sur le côté, ce qui fait souffrir le cheval. Le cheval ne doit pas s'appuyer sur toi, il doit trouver son équilibre sur ses trois autres membres.

EFFECTUER UN PANSAGE ÉLÉMENTAIRE

ÉTRILLER, BOUCHONNER

• ÉTRILLER

Si le poney est très sale, il faut passer l'étrille voir sa description page 31 sur toutes ses parties charnues (parties musculaires) en évitant les endroits sensibles (parties osseuses et tendons). L'étrille décrotte la peau et masse le cheval. Elle est passée en appuyant. Les mouvements circulaires décollent le poil en profondeur. Pendant le pansage, enlève régulièrement les poussières accumulées dans l'étrille en la frappant sur le sol ou contre le bois de la brosse.

• BOUCHONNER

Le pansage sommaire continue avec un bouchon (brosse en chiendent ou en plastique) passé sur tout le corps. Il nettoie le poil et le débarrasse des pellicules de peau morte. Il faut appuyer fort sur la brosse en donnant un coup à rebrousse poil pour décoller les poussières et un coup dans le sens du poil pour le rabattre. N'oublie pas la tête et la face intérieure des membres. Le bouchon est frotté régulièrement contre l'étrille pour enlever les poussières accumulées dans la brosse.

• BROSSER LES CRINS

Il reste à brosser les crins et la queue. Tiens la queue dans la main gauche et lâche progressivement des mèches que tu brosses l'une après l'autre pour démêler les crins. Tu peux également laver la queue dans un seau. Au retour du travail, si ton cheval est mouillé par la transpiration, frotte-le vigoureusement avec une poignée de paille pour sécher son poil. Change de paille dès qu'elle est mouillée. Le pansage complet figure au galop 2.

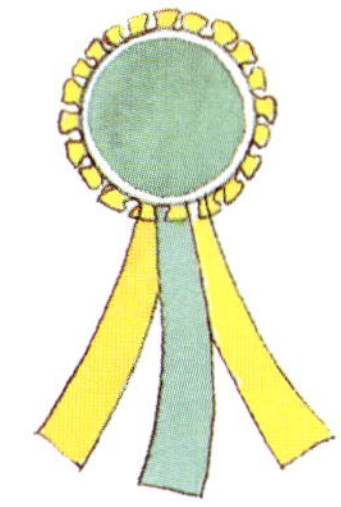

À SAVOIR

Certains chevaux chatouilleux ne supportent pas l'étrille. Dans ce cas, utilise uniquement une étrille en caoutchouc ou la brosse.
En brossant la tête, fais bien attention à ne pas blesser les yeux.
Si la poussière provenant du cheval t'incommode, préviens le moniteur et tes parents car certaines personnes y sont allergiques.

AMENER SA MONTURE EN FILET EN MAIN SUR LE TERRAIN

Lorsque le filet est en place, il faut emmener en main le cheval dans le manège ou dans la carrière. Remonte les étriers pour éviter qu'ils battent contre les flancs du cheval. Défais le licol placé en attente par dessus le filet.

MENER LE CHEVAL AVEC LES RÊNES

Il y a deux manières de le mener :

■ Soit en laissant les rênes sur l'encolure, ce qui évite de les laisser pendre. Il suffit dans ce cas de tenir la rêne gauche ou les deux rênes, avec la main droite, à une quinzaine de centimètres de la bouche.

■ Soit en tenant normalement les rênes avec les deux mains de la façon suivante:
place-toi à sa gauche et défais le licol;

■ Avec la **main droite**, tiens les deux rênes à environ 15 cm de sa bouche, de façon à ne pas la comprimer.

■ Avec la **main gauche**, tiens l'extrémité du flot des rênes (extrémité libre). Pour éviter que les rênes glissent dans la main, tu peux passer le pouce entre les deux rênes au niveau de la boucle.

OÙ TE PLACER

Marche à gauche du cheval, au niveau de son épaule et règle ta vitesse sur la sienne.
Si le cheval refuse d'avancer, incite-le à marcher avec la voix, mais ne tire pas sur les rênes car par réaction, il tirerait vers l'arrière.
Dans un passage étroit, mets-toi devant lui tout en tenant les rênes. Surtout ne le laisse pas te dépasser. Ensuite, reprends ta position normale, à côté de son épaule.
A l'extérieur, dans les pentes et les chemins étroits, il est préférable de mener le cheval avec la longe du licol laissé sous le filet. Les rênes restent sur l'encolure, coincées sous les étriers.

PRÉCAUTIONS

Ne te laisse pas marcher sur les pieds ou bousculer si le cheval fait un écart. Ne te laisse pas dépasser par le cheval, car tu aurais du mal à le retenir. En marchant, ne le regarde pas car cela l'incite à s'arrêter. S'il cherche à s'arrêter pour manger de l'herbe, ne t'arrête pas et tiens-lui la tête haute.

AMENER SA MONTURE EN FILET EN MAIN SUR LE TERRAIN

AVANT DE MONTER

Arrête-toi, passe les rênes par dessus l'encolure, descends les étriers et tiens les rênes correctement.

Place-toi au niveau de la tête du cheval, car cela le sécurise.

Ne monte pas à cheval tant que ton moniteur ne t'y invite pas.

SOINS

DÉBRIDER, DESSELLER

Après avoir mis pied à terre, il faut ramener le cheval à l'écurie, le débrider et le desseller.

DANS QUEL ORDRE PROCÉDER

- Si le cheval doit être attaché en stalle ou à un anneau, passe le licol en collier autour de l'encolure sans enfermer les rênes. Commence par débrider le cheval. Mets ensuite le licol en place avant de desseller.
- Si le cheval est en box, il est préférable de le desseller d'abord car tu as besoin du filet pour le tenir.

COMMENT DÉBRIDER

Place-toi du côté gauche, passe les rênes à ton bras ou sur l'épaule. Déboucle la muserolle s'il y en a une et la sous-gorge. Glisse ensuite la têtière vers l'avant en touchant le moins possible les oreilles. Porte le bridon à ton bras ou à l'épaule pour avoir les mains libres. Ne range pas le mors sans l'avoir nettoyé et suspends le filet correctement.

COMMENT DESSELLER

Vérifie que les étriers sont remontés et place-toi à gauche du cheval. Déboucle la sangle en évitant qu'elle frappe les tendons en tombant. Va ensuite à droite en passant sous l'encolure et mets la sangle sur la selle. Reviens à gauche, prends la selle à deux mains et soulève-la légèrement pour pouvoir l'enlever. Avec un peu d'habitude, tu apprendras à rabattre directement la sangle sur la selle tout en restant à gauche.

RANGER LE FILET ET LA SELLE

Autant que possible, ne pose pas la selle ou le filet par terre. Sur le porte-selle, tu peux enlever le tapis pour le mettre à sécher et brosser la terre collée sur la sangle. Nettoie le mors du filet avant de le suspendre au bon endroit, dans la sellerie du club. Si tu constates que le harnachement est abîmé, signale-le à ton moniteur.

PRÉCAUTIONS

Sur le porte-selle, mets la sangle sous la selle car son humidité endommagerait le siège (dessus de la selle). S'il n'y a pas de porte-selle, mets la selle par terre sur le tapis, le troussequin appuyé délicatement contre le mur (mets la sangle entre la selle et le troussequin). Ne laisse pas traîner les rênes ou la sangle lorsque tu portes le matériel.

SANTÉ ET SECURITÉ DU CAVALIER

Contrairement à la plupart des sports, l'équitation fait intervenir un animal vivant, dont on ne maîtrise pas toujours les réactions. L'apprentissage du cavalier va donc de pair avec la connaissance du cheval. Prudence oblige, il faut également respecter les mesures de sécurité décrites tout au long de ce manuel. Mais comme dans tous les sports, tu auras à faire face à des problèmes qui sont rarement graves. Voici les principaux:

Les courbatures douloureuses
Dans les jours qui suivent les premières leçons d'équitation, le cavalier peut souffrir de courbatures. Elles disparaissent d'elles-mêmes après quelques jours.
Explication: à cheval, le cavalier utilise des muscles qui n'ont pas l'habitude de travailler. Si le mal persiste, il faut consulter un médecin. En montant régulièrement, les courbatures s'estompent progressivement.

Le mal de fesses
La peau sensible des fesses et des mollets, subit des traumatismes dus aux chocs répétés et aux frottements. Une culotte de cheval, des sous-vêtements et des bottes adaptés devraient limiter les dégâts en attendant que les peaux sensibles s'endurcissent. Ton médecin te prescrira des pommades efficaces.

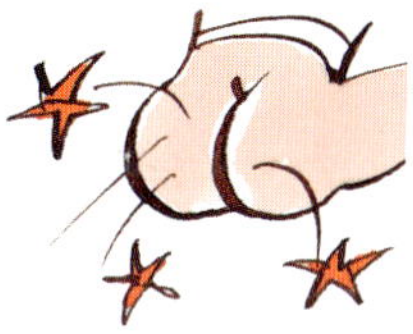

Les problèmes de dos (lombalgies)
Il est rare qu'une pratique modérée de l'équitation provoque des douleurs au dos.
Au contraire, le cavalier amateur se sent souvent "bien dans son dos" en pratiquant ce sport.

Il faut cependant respecter les phases normales de fatigue de l'adolescent ou du jeune cavalier. Des sports complémentaires comme le cyclisme, la course à pied ou la natation sont préconisés pour développer l'endurance à l'effort.

Attention aux allergies
En brossant un cheval, surtout à l'intérieur du box, les yeux des cavaliers peuvent couler et piquer. Ce sont des signes d'allergie aux poussières propres au cheval. Il faut en parler au moniteur et panser le cheval dehors. Si cela se reproduit, en parler au médecin.

Mal au ventre ?
Jeune ou moins jeune, il peut arriver que le cavalier ait mal au ventre avant de monter. Il s'agit certainement de crispations dues à l'anxiété.
Il faut en parler à son moniteur qui connaît bien ce problème, car de nombreux cavaliers éprouvent temporairement des réactions d'anxiété.
Il reste à se remettre en confiance !

CONNAISSANCES PARTICULIÈRES

CONSEILS PRATIQUES

Les accidents à la tête sont les plus graves en équitation. Il est donc indispensable de porter une bombe-casque réglementaire dans toutes ses activités à cheval.
En hiver, les mains et les pieds du cavalier souffrent souvent du froid : mets des gants et des chaussettes chaudes.
Un cavalier qui a froid manque de souplesse. Il faut donc s'habiller en conséquence et se protéger du froid et de la pluie.
En été, il faut mettre la peau à l'abri des ardeurs du soleil.

GALOP 1

CONNAISSANCES

LES PARTIES PRINCIPALES DE L'EXTÉRIEUR DE SA MONTURE

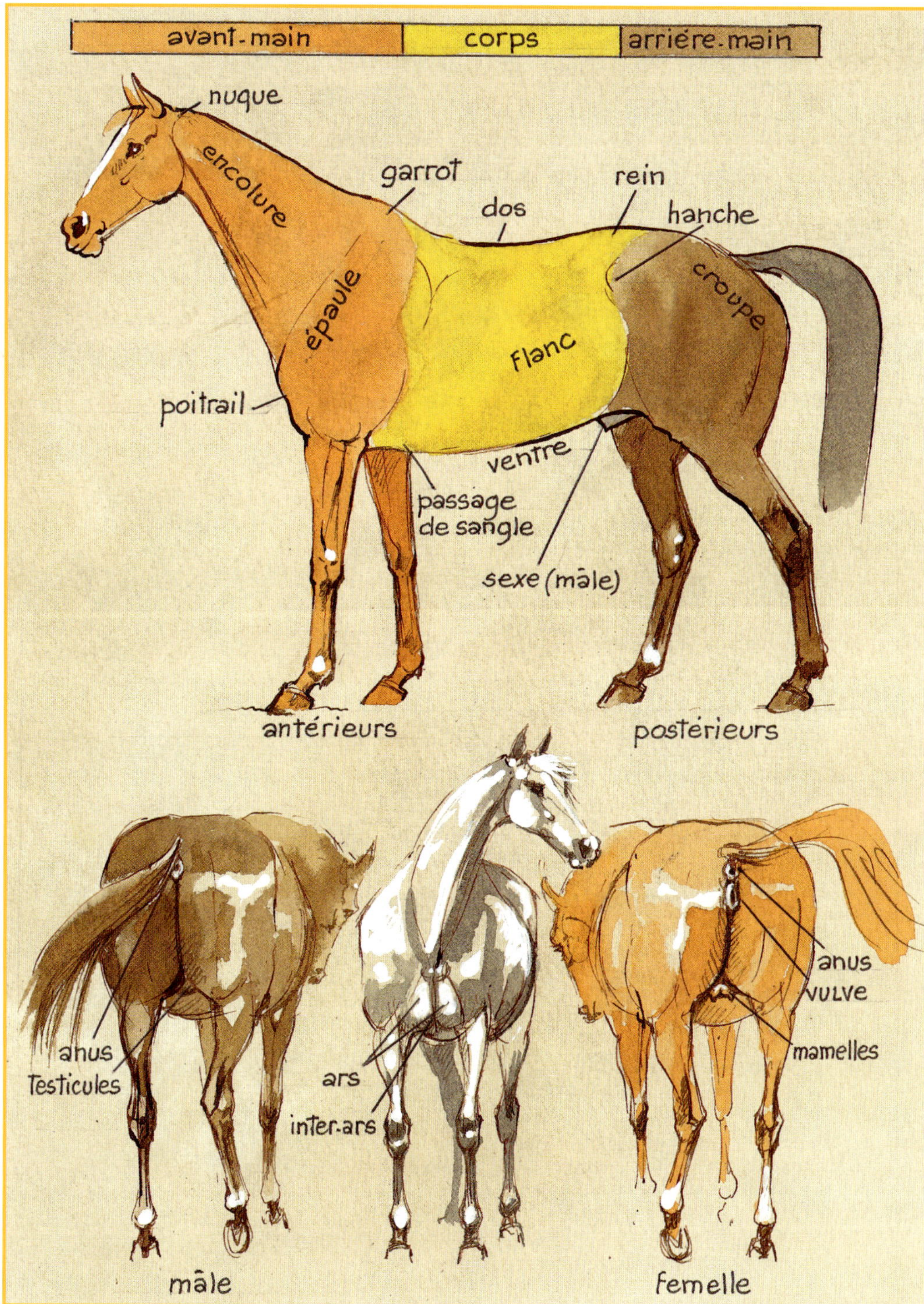

LES ROBES

CONNAISSANCES

À SAVOIR

Pour te souvenir du nom des 12 robes, sers toi des premières lettres des mots suivants :

Robes simples :

BANC :
Blanc, Alezan, Noir, Café au lait

BIS :
Bai, Isabelle, Souris

GAL :
Gris, Aubère, Louvet

RP :
Rouan, Pie

La robe du cheval est l'ensemble des crins et des poils qui recouvrent son corps.

Poils :
il en a pratiquement sur tout le corps

Crins :
crinière, toupet, queue et 4 fanons.

À SAVOIR

La plupart des disciplines et activités équestres peuvent être pratiquées à cheval et à poney. En équitation sportive, des compétitions sont exécutées au niveau départemental, régional, national et international : olympique et championnat du monde. Des examens spécifiques sont organisés dans plusieurs disciplines équestres.

NOTIONS DES DIFFÉRENTES ACTIVITÉS ÉQUESTRES

En passant tes galops, tu vas progresser en équitation. Tu pourras ensuite pratiquer une compétition ou plus simplement monter à cheval pour tes loisirs. Voici les principales disciplines équestres :

• LES DISCIPLINES OLYMPIQUES

- Le **concours de saut d'obstacles** (CSO) appelé souvent concours hippique consiste à sauter, dans un temps donné, des obstacles disposés sur un parcours, sans faire tomber les barres.
- Le **concours de dressage**, le cavalier effectue aux trois allures un ensemble de figures imposées.
- Le **concours complet d'équitation** (CCE) comprend une reprise de dressage, un ou plusieurs parcours de fond (cross) et un parcours de saut d'obstacles.

• AUTRES DISCIPLINES

- Le **concours d'attelage** à un, deux ou quatre chevaux comprend une reprise de dressage, un marathon sur obstacles naturels fixes et un parcours de maniabilité.
Dans la **voltige** en ligne droite ou en cercle, le cavalier doit exécuter des figures imposées.
- Les **courses d'endurance** se déroulent sur des parcours de 30 à 160 km jalonnés de contrôles vétérinaires.
- Le **tourisme équestre** se pratique en randonnée. Le TREC est un ensemble d'épreuves de "Techniques de Randonnée Equestre de Compétition".
- Les **"pony games"** sont des jeux équestres d'adresse très prisés en Angleterre.
- La **monte en amazone** est une équitation féminine qui se pratique avec des selles à fourches.
- L'**équitation américaine** comporte de nombreuses disciplines basées sur l'équitation de **travail.**
- **Le horse ball** se pratique avec un ballon muni d'anses. C'est une forme de basket-ball à cheval.
- Au **polo**, deux équipes frappent une balle en bois dans le but de l'envoyer dans le but adverse, en suivant des règles précises.

RÈGLES ÉLÉMENTAIRES DE SÉCURITÉ

Dans le club, de nombreux incidents ont lieu à l'écurie par négligence des cavaliers. Voici 7 règles élémentaires à respecter pour éviter la plupart des accidents :

- A cheval, protège ta tête (bombe-casque), tes jambes (bottes ou mini chaps). Ne porte pas de chaussures sans talons, car ton pied peut passer à travers l'étrier.
- N'aborde jamais un cheval sans précautions. Ne le surprends pas et ne passe pas derrière lui car il peut botter ou te bousculer s'il se croit agressé. Lire: comment aborder, page26.
- En sortant ou en entrant dans un box, ouvre la porte en grand et précède le cheval pour ne pas te faire coincer.
- Méfie-toi des réactions et des querelles des chevaux entre eux, car un sujet docile peut se montrer agressif avec les autres chevaux, particulièrement au moment de la distribution de nourriture.
- A cheval ou à pied, il faut conserver tes distances avec les autres chevaux: arrêter les chevaux l'un à côté de l'autre sur la ligne du milieu du manège. En reprise conserve une distance égale à la longueur d'un cheval avec celui qui te précède.
- En lâchant un cheval en pâture, sois prudent car il peut botter par enthousiasme en reprenant sa liberté.
- Ne chahute pas à proximité des chevaux car ils ont besoin de calme. Signale tout ce qui te semble anormal au moniteur.

CONNAISSANCES

À SAVOIR

Ne laisse jamais un cheval en liberté, sauf dans son box ou dans sa pâture. Respecte les personnes à pied, garde ta place en promenade et suis les conseils de celui qui te conduit.

GALOP 1

LE MATÉRIEL DE PANSAGE ÉLÉMENTAIRE

Lire le chapitre sur le pansage élémentaire page 29. Les instruments employés sont: le cure pied, l'étrille et le bouchon (brosse).

● LE CURE PIED

Comme son nom l'indique, il sert à enlever tous les corps étrangers accumulés sous les sabots. Il existe des modèles en métal ou en plastique. Le crochet du cure pied doit être solide sans être pointu, pour ne pas abîmer la sole. Le manche doit permettre de tenir le cure pied bien en main. Les modèles sont nombreux, certains d'entre eux sont équipés d'une petite brosse qui sert à nettoyer la sole avant de graisser les sabots.

● L' ÉTRILLE

Elle sert à décrotter les parties charnues du cheval. Les modèles en plastique sont les plus courants: étrille crantée et étrille finlandaise. En choisissant une étrille, vérifie que sa taille est bien adaptée à celle de ta main.

● LE BOUCHON (BROSSE)

Il sert à netttoyer le cheval. Les poils du bouchon peuvent être en plastique ou en chiendent naturel (herbe rigide).
Avant de se servir d'un bouchon neuf en chiendent, il est conseillé de le laisser tremper dans de l'eau pour assouplir les brins.
Pour pouvoir être utilisé correctement, la taille du bouchon doit permettre une bonne prise en main.

CONNAISSANCES

À SAVOIR

Ne laisse pas traîner le matériel de pansage. Les instruments qui appartiennent au club doivent être rangés à des endroits prévus par le moniteur. Dans certaines écuries, chaque cheval a ses propres instruments de pansage dans le but d'éviter des contagions : transmission des maladies de peau par exemple.

• CAISSE OU SAC DE PANSAGE

Le matériel de pansage est mis dans un sac de pansage ou dans une caisse qui peut être transportée facilement. Il est possible de monter sur une caisse fermée pour accéder aux parties hautes du cheval.

le pansage est une bonne école de confiance et de connaissance

AU PAS

Après avoir effectué un pansage complet, bridé et sellé (s'il y a une selle) sa monture, ÊTRE CAPABLE de se déplacer aux trois allures.

STABILISER SON ÉQUILIBRE ASSIS

Pour être capable de stabiliser ton équilibre, tu dois savoir régler les étriers et ressangler la selle afin d'éviter qu'elle tourne. Deux conditions qu'il faut savoir assurer tout seul, en étant à cheval.

• RÉGLER SES ÉTRIERS EN ÉTANT À CHEVAL

Lorsque le cheval est arrêté :

- Dégage la boucle de l'étrivière.
- Modifie sa longueur en comptant le nombre de trous.
- Pour ramener la boucle sous le petit quartier, fais coulisser l'étrivière en tirant sur la partie qui est en contact avec le cheval.
- Chausse l'étrier et fais de même avec l'autre étrivière, en décalant la boucle du même nombre de trous.

Pour juger si les étrivières ont la même longueur, avance de quelques pas car, à l'arrêt, les hanches du cheval ne sont pas toujours à la même hauteur. En position normale, le plancher de l'étrier déchaussé doit arriver sensiblement à la hauteur de la cheville.

• RESSANGLER EN ÉTANT À CHEVAL

Voici comment procéder :

- Arrête le cheval, garde les rênes ajustées dans la main droite, et avance la jambe gauche.
- Avec la main gauche, tire un après l'autre sur les contre-sanglons en te servant de l'index de cette main pour engager l'ardillon de la boucle dans le trou du contre-sanglon.

Il est parfois nécessaire de ressangler également à droite ; si la sangle est bouclée aux derniers trous à gauche.

À SAVOIR

Lorsque ton buste change de position, tes jambes doivent rester en place. Quant à tes mains, il faut éviter que des mouvements involontaires gênent la bouche du cheval. Le fait de monter sans selle t'aide à sentir et à suivre les mouvements du dos du cheval.

AU PAS

● EXERCICES DE STABILITÉ

Des exercices d'assouplissement permettent de décontracter les différentes parties de ton corps et améliorent ainsi ta stabilité à cheval.
Ton moniteur te fera également participer à des jeux d'adresse, qui visent les mêmes buts.

Lorsque tu es assis en selle et que le cheval avance, les étriers t'aident à maintenir ton équilibre.

● CHAUSSER ET DÉCHAUSSER LES ÉTRIERS

Lorsque le cheval est en mouvement, il peut t'arriver de perdre un étrier. Il faut alors savoir le rechausser tout en marchant, pour ne pas déranger la reprise.
Voici comment procéder :

■ L'étrier libre a tendance à se balancer. Commence à le stabiliser en avant de ton pied.

■ Lève alors la pointe du pied, et dirige-la en direction du cheval. Lorsque la pointe de ton pied pénètre dans l'étrier, baisse-la pour que ta semelle prenne appui contre le plancher de l'étrier.

■ Il te reste à corriger la position de tes pieds : étriers chaussés un peu plus que la pointe du pied, talons bas.

ÉQUITATION

À SAVOIR

Lorsque tes talons sont descendus, tes mollets se durcissent naturellement, ce qui améliore l'adhérence de tes jambes. Avec ou sans étriers, les jambes doivent être fixes et prendre place au niveau de la sangle.

AU PAS

CHANGER D'ALLURE À VOLONTÉ

Lorsque ton cheval est au pas, il faut entretenir l'allure en agissant avec les jambes dès que l'impulsion faiblit. Il augmente sa vitesse en allongeant le pas.
En passant à l'allure supérieure le cheval profite parfois du manque d'assurance du cavalier pour quitter la piste et venir au milieu.
En raccourcissant un peu la rêne extérieure (côté mur), tu l'incites à rester sur la piste.

• PASSER À L'ALLURE SUPÉRIEURE

En agissant avec les jambes par pressions successives, tu commandes au cheval de passer à l'allure supérieure. Pour amortir les secousses du trot, mets-toi tout de suite au trot enlevé.
En agissant à nouveau avec les jambes, le cheval allonge son trot et passe normalement au galop.
Il se met plus facilement au galop à l'abord d'un tournant.
En préparant le galop 3 tu appendras à disposer tes aides pour déclencher le départ au galop à un moment précis. Tu apprendras aussi plus tard à partir au galop directement du pas, et même de l'arrêt.

• REPASSER À L'ALLURE INFÉRIEURE

Pour repasser à l'allure inférieure ajuste tes rênes puis :

- Redresse ton buste.

- Soutiens les poignets en fermant progressivement les doigts sur les rênes, sans aucune action brusque.

Les jambes sont restées au contact, le cheval ralentit et passe à l'allure inférieure.

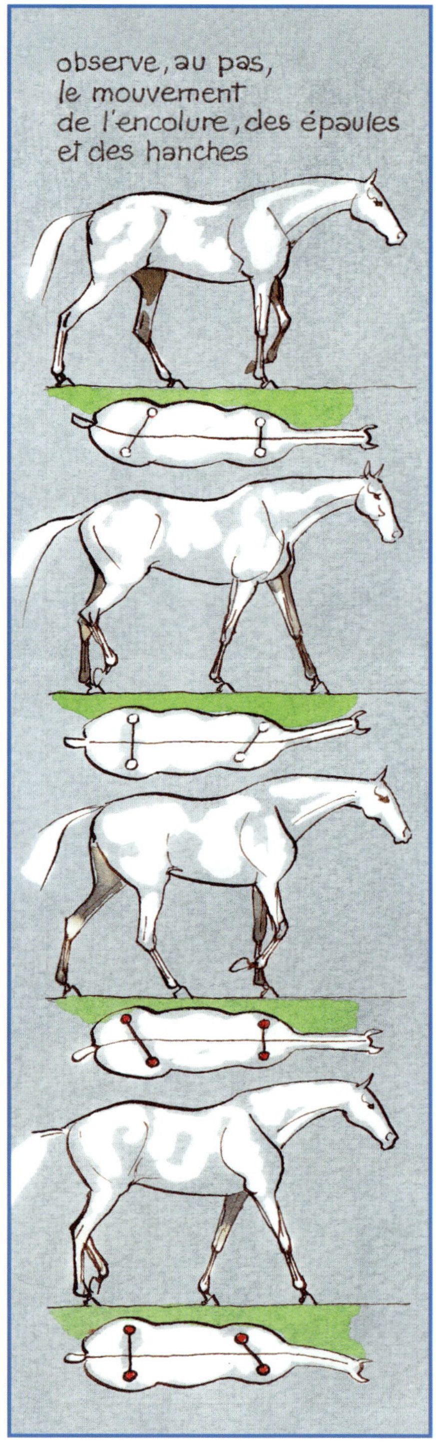

À SAVOIR

En prenant les lettres du manège comme repères, tu peux t'entraîner à changer d'allure à des endroits précis. En agissant avec les jambes, il ne faut pas perdre les étriers. Le fait de tenir une cravache dans la main intérieure incite le cheval à obéir et à rester sur la piste.

AU PAS

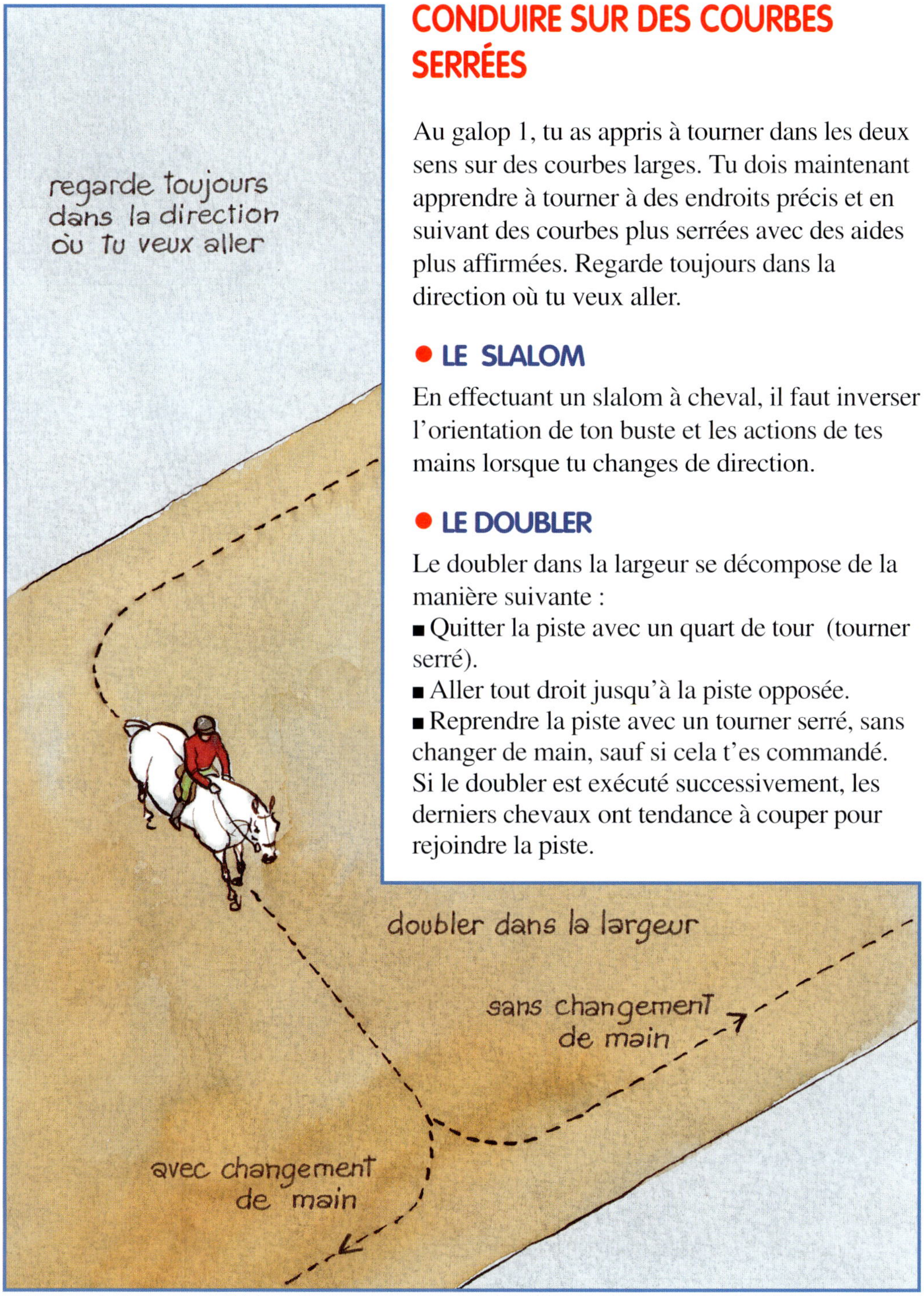

CONDUIRE SUR DES COURBES SERRÉES

Au galop 1, tu as appris à tourner dans les deux sens sur des courbes larges. Tu dois maintenant apprendre à tourner à des endroits précis et en suivant des courbes plus serrées avec des aides plus affirmées. Regarde toujours dans la direction où tu veux aller.

● LE SLALOM

En effectuant un slalom à cheval, il faut inverser l'orientation de ton buste et les actions de tes mains lorsque tu changes de direction.

● LE DOUBLER

Le doubler dans la largeur se décompose de la manière suivante :

- Quitter la piste avec un quart de tour (tourner serré).
- Aller tout droit jusqu'à la piste opposée.
- Reprendre la piste avec un tourner serré, sans changer de main, sauf si cela t'es commandé.

Si le doubler est exécuté successivement, les derniers chevaux ont tendance à couper pour rejoindre la piste.

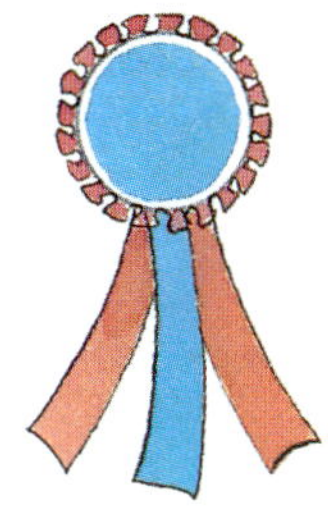

À SAVOIR

Pour tourner serré, il est préférable de garder la jambe intérieure à la sangle et de reculer la jambe extérieure.
Pour obtenir des actions précises, il faut ajuster les rênes et entretenir l'impulsion avec ses jambes, car le fait de tourner serré, a tendance à ralentir le cheval.

AU TROT

RECHERCHER SON ÉQUILIBRE

En observant le cheval au trot, tu peux constater qu'en trottant il se projette vers le haut par saccades. Le cavalier en selle ressent ces mouvements brusques et inconfortables qui n'existaient pas au pas. Il faut une certaine habitude, pour arriver à trotter en restant assis, en absorbant ces à-coups par le jeu de ton rein. Pour nc pas souffrir de ces à-coups, tu as la possibilité de "trotter enlevé" en te dégageant de la selle, en rythme avec les mouvements du trot.

Pour pouvoir se dégager de la selle, il faut, comme au pas, te mettre au dessus de tes pieds en inclinant légèrement le buste en avant sans arrondir ton dos. Après avoir expérimenté cette position en équilibre au pas, mets ton cheval au trot dans le but de trotter enlevé.

Comme au pas, tu peux prendre appui avec les mains en avant du garrot tout en conservant les rênes ajustées. Cet exercice te prépare au trot enlevé.

ÉQUITATION

À SAVOIR

Pendant les longues courses d'endurance, certains cavaliers restent constamment en équilibre au dessus des étriers pour fatiguer le moins possible le dos de leur cheval.

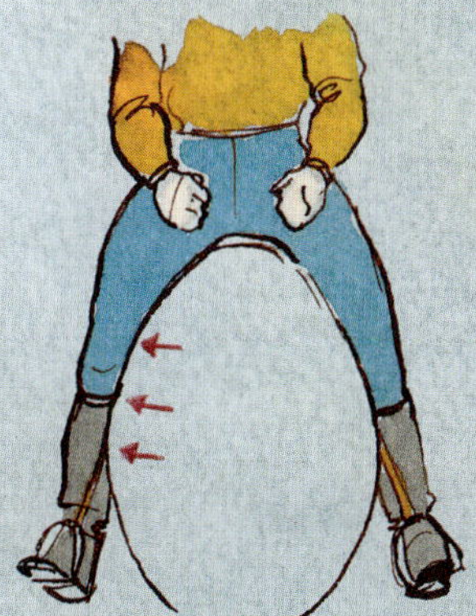

RECHERCHER SON ÉQUILIBRE AU TROT ENLEVÉ

Rappelons qu'au trot enlevé, tu évites une réaction sur deux en te soulevant légèrement au dessus de la selle, en rythme avec le trot. Pour pouvoir te soulever facilement, incline légèrement le buste vers l'avant, sans arrondir ton dos.
En observant le mouvement des antérieurs, tu peux repérer celui qui se pose au moment où tu reprends le contact avec le fond de la selle.
Si le cheval pose son antérieur droit lorsque tu reprends le fond de la selle, on dit que tu trottes à droite; et inversement. Plus tard, tu apprendras ce que veut dire "trotter enlevé sur le diagonal désiré".
Au trot enlevé, reste le moins possible dans le fond de la selle, pour "trotter léger".

STABILISER SON ÉQUILIBRE SUR LES ÉTRIERS

Pour t'entraîner à rester souplement en suspension au dessus de tes étriers pendant plusieurs foulées, tu peux prendre appui avec les mains légèrement en avant du garrot. Dans cette position, tu peux franchir tes premiers obstacles au trot.
Lorsque tu es stable, tes talons sont "bien descendus" et tu sens ton poids appuyer sur tes talons.

À SAVOIR

Pour allonger le trot lorsque tu trottes enlevé, "ferme les jambes" au moment où tu descends dans la selle. Lorsque tu es en appui sur tes étriers, ne te raccroches pas aux rênes si tu manques encore d'équilibre.

AU TROT

TROTTER ENLEVÉ EN RYTHME

Le trot enlevé est utilisé par le cavalier afin d'éviter les secousses du trot. Le cheval trotte en deux temps. Prends la position en équilibre puis :

- Profite d'un temps de trot pour te laisser soulever légèrement hors de la selle.
- Le temps suivant, rassieds-toi, et ainsi de suite.

Tout en trottant, accorde-toi sur le rythme du cheval en "t'enlevant" un temps sur deux.
Lorsque tu as bien pris le rythme, efforce-toi de te soulever le moins possible au dessus des étriers. En reprenant avec légèreté le fond de la selle, assieds-toi le plus en avant possible de celle-ci.
En préparant le galop 3, tu apprendras dans quel ordre le cheval pose ses pieds au trot, et comment t'accorder sur les mouvements des membres.
Le trot enlevé est très confortable et peut être maintenu longtemps sans fatigue; en promenade par exemple.

• EN PRATIQUE

Pour débuter au trot enlevé, n'hésite pas à "compter dans ta tête" un, deux, un, deux, etc. en rythme avec le trot du cheval. Pour favoriser ton équilibre, saisis une poignée de crins dans la main intérieure (vers le centre du manège). Maintiens le cheval sur la piste le long du mur, en raccourcissant un peu plus la rêne extérieure (côté mur).

A SAVOIR

Surtout, ne te raccroche pas aux rênes pour te soulever de la selle, car tu tirerais sur la bouche du cheval.
Pense à laisser tes jambes en place, les étriers chaussés au tiers du pied (un peu plus que la pointe).
Evite de rester assis dans la selle pendant plusieurs temps.

AU TROT

CHANGER D'ALLURE À VOLONTÉ

Tu dois être capable de changer d'allure individuellement. Voici quelques conseils pour changer d'allure à partir du trot :

• EN REPASSANT AU PAS

■ En ralentissant trop brusquement à partir du trot enlevé, tu es rejeté vers l'avant. Il est donc préférable de te mettre au trot assis quelques foulées, avant de repasser au pas.

■ N'agis pas brusquement avec tes mains car le cheval en souffre et secoue généralement la tête.

■ Ne te penche pas en avant mais au contraire, redresse ton buste en soutenant tes poignets.

• EN PASSANT AU GALOP

Au chapitre suivant, figurent quelques explications qui te permettent de partir au galop à l'endroit où tu le désires. Voici quelques erreurs à éviter lorsque tu passes au galop à partir du trot :

■ Ne laisse pas ton cheval accélérer car un cheval qui "se cale" dans un trot allongé, rechigne généralement à se mettre au galop, part en désordre et manque d'équilibre.

■ En passant au galop, le cheval a tendance à chercher à échapper à ton autorité en accélérant ou en quittant la piste. Pour l'inciter à rester sur la piste, raccourcis légèrement la rêne extérieure (côté mur).

■ Dès que le cheval est au galop, accompagne le mouvement de son dos avec ton bassin. N'agite pas tes mains, mais accompagne les mouvements de son encolure.

A SAVOIR :

Le cheval a tendance à ralentir en tournant serré. Il faut donc entretenir son impulsion avec les jambes. Pendant le tournant, le cheval doit être incurvé, ce qui l'aide à tourner correctement.

AU TROT

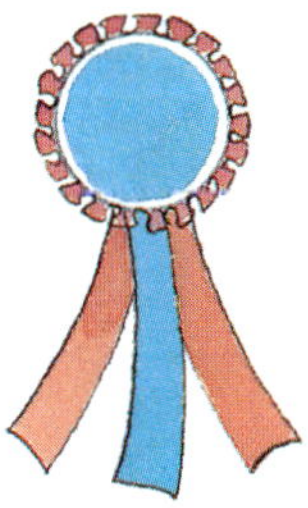

CONDUIRE SUR DES COURBES LARGES

Comme pour le pas, les actions de tes aides doivent être précises. Les à-coups avec les mains rendent la conduite imprécise et gênent le cheval. Évite d'agiter tes mains. En tournant à droite par exemple, le seul fait de mettre les ongles de la main droite vers le haut, et de regarder dans la direction où tu veux aller, préviens le cheval de ton intention de tourner.

AU GALOP

Tu peux galoper en restant assis dans la selle, ou en te mettant en équilibre sur les étriers.
- En dressage, le cavalier reste assis dans la selle, les jambes "enveloppantes", pour conserver un bon contact avec le cheval.
- Au galop rapide ou pour sauter, il est préférable de se mettre en équilibre sur les étriers.

Tout en restant au galop, le cavalier doit être capable de passer souplement de la position assise à la position en équilibre.

RECHERCHER SON ÉQUILIBRE SUR LES ÉTRIERS

Au galop rapide, il est difficile de suivre les mouvements du dos du cheval. Le cavalier se met alors en équilibre sur les étriers en soulevant légèrement les fesses hors de la selle tout en conservant le dos plat, peu penché en avant. Les mains peuvent prendre appui sur l'encolure, les jambes restent en place, sans avancer. Pour monter en équilibre au-dessus des étriers il est nécessaire de raccourcir légèrement les étrivières.

DÉCOUVRIR SON ÉQUILIBRE ASSIS

Pour rester assis au galop, tu dois :
- accompagner les mouvements du cheval avec ton dos,
- garder le buste d'aplomb,
- laisser ton bassin s'articuler en gardant le rein souple et les jambes fixes,
- rechercher ton équilibre sans te raccrocher avec tes jambes,
- t'efforcer de suivre le balancement de l'encolure avec tes bras, sans agiter les mains.

À SAVOIR

Lorsqu'un cavalier manque encore d'assurance, ses mains sont plus fixes au trot enlevé ou au galop en équilibre.
En position assise, le débutant à tendance à secouer les rênes.

AU GALOP

CHANGER D'ALLURE À VOLONTÉ

En préparant le galop 3 tu appendras à "disposer tes aides, pour déclencher le galop" à un moment précis.

Pour repasser au trot à partir du galop, il faut commencer par ralentir le galop.

Redresse ton buste, recule les épaules, et soutiens tes poignets sur des rênes ajustées pour remettre le cheval au trot.

Le fait de "freiner avec son dos", incite le cheval à passer à l'allure inférieure.

Dès que le cheval trotte, mets-toi au trot enlevé car le trot rapide est inconfortable. Continue à agir avec tes mains pour ralentir le trot.

Tu peux ensuite te mettre au trot assis, si tu désires passer à l'allure inférieure.

Lorsque tu es à l'allure et à la vitesse désirées, relâche légèrement la tension des rênes.

A ton niveau, tu dois pouvoir passer d'une allure à l'autre, lorsque le moniteur te le commande.

MAINTENIR LE GALOP

Au galop, le cheval a parfois tendance à accélérer et à chercher à te désobéir.

Tu dois penser à le maintenir sur la piste en raccourcissant légèrement la rêne extérieure.

Règle son allure en suivant avec les deux mains, les mouvements de son encolure tout en gardant les rênes tendues. Tes jambes restent vigilantes.

Entretiens le galop en agissant avec les jambes si le cheval ralentit. Il faut surtout éviter qu'il repasse au trot, sans que tu ne le lui demandes.

ÉQUITATION

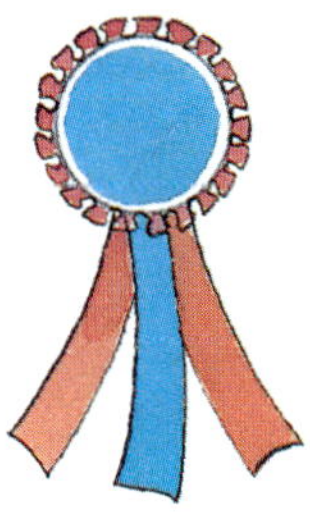

PRÉCAUTIONS À PRENDRE

Au galop, le cheval a tendance à se traverser en mettant ses hanches vers l'intérieur du manège.
En promenade, il est préférable de rester en équilibre pour galoper.
Pour améliorer ton propre équilibre, tu peux prendre appui avec les mains sur l'encolure.

SAUT ET/OU TERRAIN VARIÉ

DÉCOUVRIR SON ÉQUILIBRE SUR LES ÉTRIERS SUR DES CAVALETTI ISOLÉS ET/OU EN TERRAIN VARIÉ

• NOTION DE SAUT SUR CAVALETTI

Les cavaletti sont des obstacles qui peuvent être déplacés, et qui n'excèdent pas 50 cm de haut. Le cavaletti est généralement disposé sur la piste, pour éviter que le cheval dérobe. Il est abordé au milieu et perpendiculairement.

Pour conserver la position en équilibre pendant le saut, il faut :

■ Régler les étriers suffisamment courts ;
rester en équilibre "au dessus de ses pieds", étriers chaussés au tiers du pied, talons bas ;
incliner le buste en avant rênes ajustées, mains basses avec un éventuel appui sur l'encolure.

■ Regarder loin.

■ Rester souple pour amortir les sauts. Pour ne pas rester accroché aux rênes, tu peux tenir une poignée de crins suffisament en avant.

• ÉQUILIBRE EN TERRAIN VARIÉ

A l'extérieur, pour éviter de fatiguer ton cheval toi-même, trotte enlevé, et galope en équilibre.

En montée : au pas, reste en équilibre en te penchant en avant pour soulager le dos du cheval, tout en lui laissant une grande liberté d'encolure. Tu peux t'aider en tenant une poignée de crins.

En descente : Au pas, bien calé dans ta selle, garde le buste vertical et ne laisse pas le cheval accélérer.

Difficultés diverses : En traversant un terrain glissant ou profond, le cheval a particulièrement besoin du libre jeu de son encolure. Il peut avoir des réactions vives ; pour se dégager d'un terrain profond par exemple.

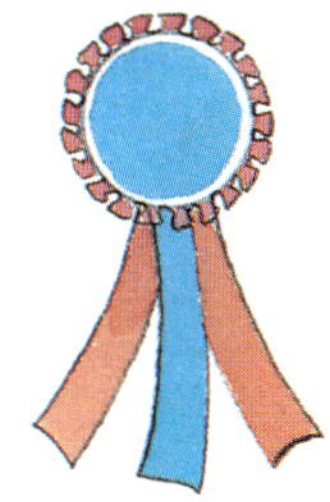

À SAVOIR

Il est possible de sauter sans étriers et même sans selle, mais en inclinant le buste en avant pendant le saut. En cas d'hésitation, prends une poignée de crins pour t'aider à ne pas "rester en arrière" pendant le saut.

SAUT ET/OU TERRAIN VARIÉ

CONSERVER L'ALLURE A L'ABORD DE CAVALETTI ISOLÉS ET/OU EN TERRAIN VARIÉ

CONSERVER L'ALLURE À L'ABORD D'UN CAVALETTI

En abordant un obstacle, conserve l'allure indiquée: trot ou galop. Si ton cheval semble hésiter, agis vivement avec tes jambes pour éviter qu'il refuse de sauter. Ne le laisse pas "prendre la main" et accélérer, car il te désobéit et cela nuit à son équilibre. Le cheval doit se sentir canalisé entre les rênes pour ne pas dérober. Si tu as une cravache, tiens-la du côté intérieur lorsque l'obstacle est disposé contre le mur du manège.

CONSERVER L'ALLURE EN TERRAIN VARIÉ

Montées et descentes se font généralement au pas et même à pied si elles sont trop éprouvantes pour le cheval.
Dans un groupe, prends la même allure que la personne qui dirige la promenade. Au trot et surtout au galop, ton cheval ne doit pas "prendre la main" en accélérant.
Après un effort important (montée), il faut laisser souffler le cheval.

Les règles élémentaires à connaître à l'extérieur :

Au niveau galop 2, tu dois être accompagné pour sortir à cheval. Voici quelques précautions à suivre, car ton accompagnateur ne peut pas tout voir :

- Suis le cavalier qui te précède sans changer de place et en conservant tes distances.
- Sur le chemin du retour, la plupart des chevaux ont tendance à accélérer.

À SAVOIR

Le cheval est un animal vivant ; pas un engin mécanique. Il faut donc penser à équilibrer ses efforts et à le remercier chaque fois qu'il donne satisfaction. Il faut également comprendre qu'il peut être impressionné par un objet ou une situation qu'il ne connaît pas. C'est à toi de le mettre en confiance.

SAUT ET/OU TERRAIN VARIÉ

- Fais passer les consignes qui te sont données : voiture, branche, trou...
- Mentionne au moniteur les éventuels incidents : coup de pied, comportement anormal du cheval...
- Ne lâche jamais tes rênes et reste attentif car à l'extérieur, le cheval peut avoir des réactions inattendues.
- Montre-toi courtois envers les personnes rencontrées.

EFFECTUER UN PANSAGE COMPLET

SOINS

Pour réussir le Galop 2, tu dois savoir effectuer un pansage complet. Ce chapitre complète le "pansage élémentaire" étudié au galop 1. Rappelons qu'un pansage complet nettoie le cheval pour le rendre présentable. C'est un massage agréable qui nettoie les pores de la peau et favorise ainsi son hygiène. C'est l'occasion de passer le cheval en revue. De plus, le pansage est un excellent moyen d'apprendre à se connaître mutuellement avant de se mettre en selle. Le pansage, c'est la toilette quotidienne du cheval. Suivant qu'il sort de pâture avec un poil d'hiver très sale ou qu'il est hébergé dans un box propre, le pansage est plus ou moins approfondi. Tu vas intervenir sur : les pieds, les poils qui recouvrent son corps et sur les crins. Ordre de pansage :

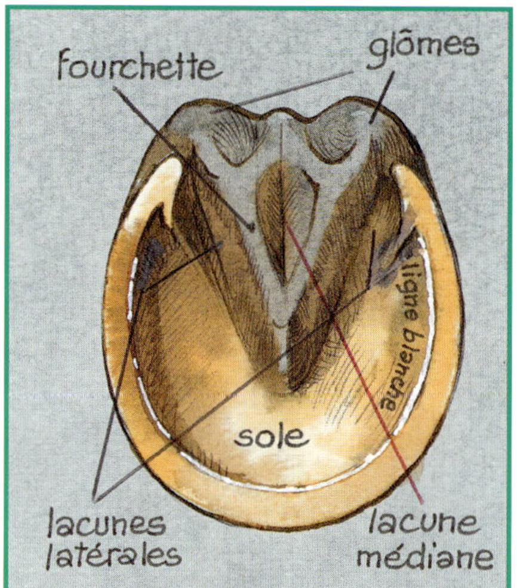

CURER LES PIEDS

Pour ne pas salir la cour du club, les pieds sont curés dans le box. On cure les pieds avant et après le travail pour quatre raisons :

- Nettoyer le fond des lacunes (deux trous allongés formant un V) et la sole.
- Enlever un éventuel caillou coincé sous le sabot.
- Vérifier le bon état de la ferrure.
- Vérifier que le pied n'est pas blessé.

NETTOYER LES POILS

On commence habituellement à passer l'étrille et ensuite le bouchon du côté gauche de l'encolure, puis sur le corps et enfin sur les membres avant de passer de l'autre côté. La tête est généralement brossée à la fin en faisant attention aux yeux.
Il faut ensuite passer la brosse douce dont les poils serrés enlèvent la poussière et les pellicules de peau morte à la racine des poils. Voici comment procéder :

- Un coup à rebrousse poils, pour sortir la poussière sous le poil.
- Un coup dans le sens du poil pour ramener la poussière dans la brosse.

À SAVOIR

Un dicton dit que «le jeu de l'étrille vaut un picotin d'avoine». Cela signifie que le pansage améliore la santé du cheval, comme sa nourriture. Le poil d'un cheval en bonne santé est brillant. Il existe des produits lustrants et antistatiques qui empêchent les poussières de se coller. Le pansage peut être suivi du «toilettage» qui consiste à natter et à tresser la crinière et la queue. On peut également utiliser un aspirateur pour nettoyer les poils.

■ Passer ensuite la brosse sur l'étrille pour la débarasser des poussières.
■ Taper de temps en temps l'étrille par terre pour vider les poussières.

BROSSER LES CRINS

■ **La crinière :** démêle soigneusement la crinière avec le bouchon ou l'étrille finlandaise. Agis brin par brin, en mettant tous les crins du même côté et n'oublie pas de brosser le toupet. Ne te sers pas du peigne pour démêler la crinière car tu risques de casser les poils. Tu peux mouiller le bouchon pour peigner la crinière lorsque les crins sont démêlés.
■ **La queue :** pour démêler la queue, souleve-la avec la main gauche et brosse les brins que tu lâches l'un après l'autre. Tu peux commencer par laver la queue dans un seau d'eau si elle est salie par de la boue.

LA FINITION

Il faut aussi **laver avec une éponge** et de l'eau claire : les coins des yeux, les naseaux, la bouche le haut de la queue, l'anus, la vulve ou le fourreau. A l'aide d'un torchon doux nommé **époussette,** tu peux encore lustrer les poils pour enlever toute trace de poussière.
La robe de ton cheval brille alors de mille feux.

TABLEAU RÉCAPITULATIF

ORDRE	NOM	DESSIN	ACTION	COMMENT PROCÉDER
Au début ou à la fin du pansage	**Cure-pied**	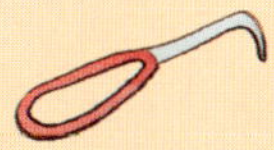	Dégage les lacunes et la sole	Gratter doucement pour ne pas abîmer la sole
2	**Etrille**		Décrotte les parties charnues	Passer avec des mouvements circulaires
3	**Bouchon**		Nettoie l'ensemble des poils	Frotter énergiquement
4	**Brosse douce**	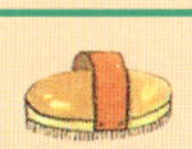	Extirpe les poussières sous les poils	Frotter dans les deux sens du poil, pour nettoyer " en profondeur"
5	**Eponge humide**		Lave la sueur et les saletés	Par mesure d'hygiène, conserver l'ordre cité plus haut.
6	**Epoussette**	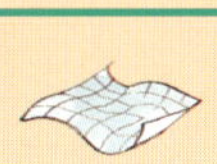	Lustre les poils	Passer l'époussette sèche dans le sens du poil pour le lustrer.

BRIDER, SELLER

Faut-il mettre d'abord la selle ou le filet ?
Cela dépend de l'endroit où le cheval se trouve:

- S'il est en box, mets-lui le filet d'abord, pour pouvoir le maintenir pendant que tu le selles.
- S'il est attaché, il est préférable de le seller d'abord et de ne lui mettre le filet qu'au dernier moment.

BRIDER

Ne pose pas le filet (appelé également bridon) par terre, mais passe-le à ton épaule ainsi que les rênes: le frontal vers l'avant. Tu as alors tes 2 mains libres.
Commence par mettre le licol en collier autour de l'encolure du cheval pour dégager sa tête. Tu peux alors passer les rênes sur l'encolure ou les garder à ton bras.

- Si tu es suffisamment grand, prends la têtière avec la main droite pendant que ta main gauche mets le mors dans la bouche du cheval tout en soulevant le bridon tenu au frontal.
- Si tu es trop petit par rapport au cheval tiens le bridon au milieu des montants pendant que tu mets le mors dans la bouche.

Glisse ensuite délicatement les oreilles sous la têtière. Sors le toupet pour le placer sur le frontal.
Il reste à boucler la sous-gorge: laisse la grosseur d'un poing entre la sous-gorge et la gorge pour ne pas gêner la respiration du cheval.
Boucle ensuite la muserolle suivant le modèle.

• COMMENT FAIRE OUVRIR LA BOUCHE AU CHEVAL

Si le cheval rechigne à ouvrir la bouche, n'appuie pas le mors contre ses dents.
Pour l'inciter à ouvrir la bouche, une astuce consiste à enfoncer le pouce au niveau de la commissure des lèvres, là où il n'y a pas de dents (barres).

À SAVOIR

Il existe de nombreuses variétés de mors, mais le mors de filet est le plus utilisé dans les niveaux élémentaires.
Si tu constates que la bouche du cheval est blessée, signale-le à ton moniteur car le mors utilisé n'est peut être pas adapté à sa bouche.

BRIDER, SELLER

Autre astuce : frotter les gencives au niveau de la barre, pour lui faire ouvrir la bouche.

● VÉRIFICATIONS UTILES

Tu apprendras plus tard à régler un bridon, mais si tu constates que le mors comprime les commissures des lèvres ou est placé trop bas, signale-le à ton moniteur qui réglera les montants.

Vérifie que les montants du bridon, de la muserolle et de la sous-gorge sont bien à plat.

Vérifie que la sous gorge et la muserolle sont bien bouclés et que le frontal, placé sous le toupet, est bien horizontal.

Il est préférable de mettre le licol en attente par dessus le filet, car le cheval est ainsi mieux tenu.

SELLER

■ Avant de seller, remonte les étriers si ce n'est déjà fait, et place la sangle sur la selle. Si le tapis n'est pas attaché à la selle, pose-le légèrement en avant de sa position normale.

■ Mets la selle sur le tapis et glisse l'ensemble à sa juste place, légèrement en arrière du garrot, en dégageant les épaules. Ainsi, les poils sont lissés sous le tapis.

■ Tout en vérifiant sur le côté droit que la selle est bien posée et que le tapis ne fait pas de pli et dépasse légèrement vers l'avant de la selle. La sangle ne doit pas frapper contre les membres lorsque tu la descends.

■ Tu disposes alors d'un point de repère pour juger si la selle est à sa juste place: en pendant naturellement, la sangle doit se placer à un "plat de main" derrière les coudes du cheval.

■ Sangle légèrement et dégarrote l'avant du tapis en le soulevant, pour éviter qu'il frotte contre le garrot.

N'attends pas pour boucler la sangle, pour éviter que la selle tombe si le cheval bouge.

BRIDER, SELLER

■ Pour dégager la peau sous la sangle, tu peux tirer un à un les antérieurs vers l'avant et vers le haut.

■ A ce moment, tu peux ressangler.

Avant de monter à cheval, tu vérifieras que la selle est bien sanglée, car certains chevaux se gonflent au moment du sanglage.

● OBSERVER

La forme de la selle doit s'adapter au dos du cheval. L'échancrure située à l'avant, offre un dégagement du garrot. Le garrot est une partie sensible qui doit être mise à l'abri de frottements. Le tapis de selle absorbe la sueur et protège le garrot et le dos du cheval. Les tapis de randonnée sont particulièrement épais.

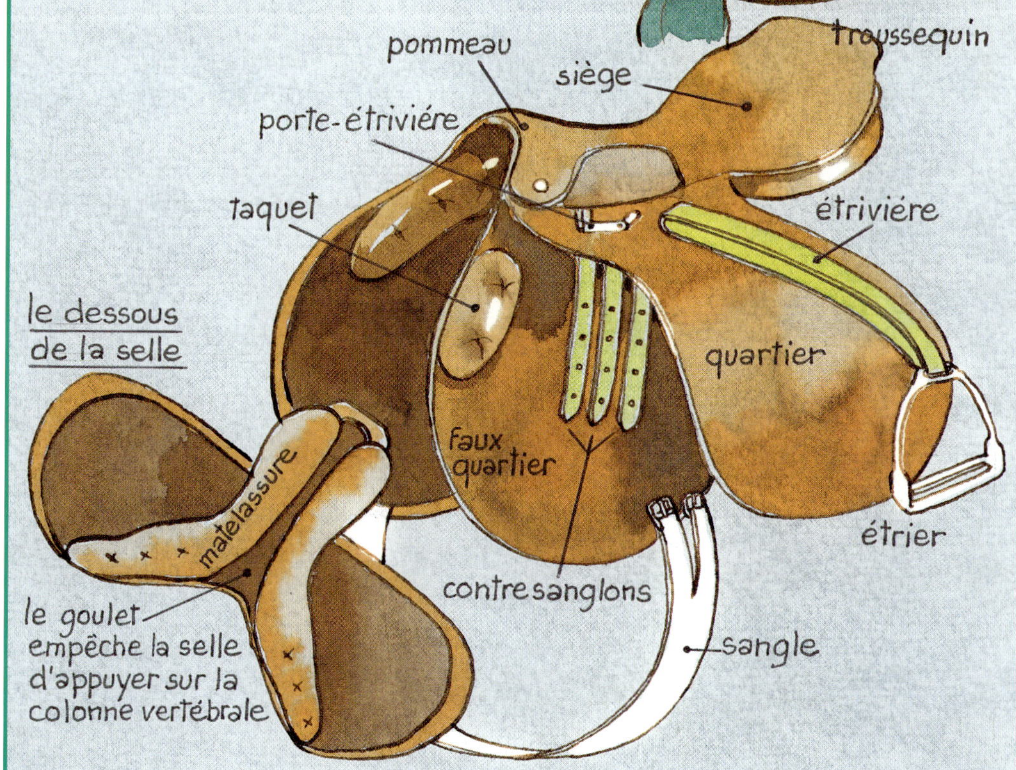

À SAVOIR

Les sangles peuvent avoir différentes longueurs. Lorsque la sangle est bouclée, il doit rester quelques trous de libre pour la ressangler. Certaines selles sont équipées d'un système de sanglage par "noeud de cravate" qui n'a pas de boucle.

METTRE ET ENLEVER UNE COUVERTURE (ou une chemise)

En hiver, des poils longs et chauds poussent naturellement sur le corps du cheval et le protège du froid. C'est le poil d'hiver, qui tombe au printemps pour laisser place au poil d'été, court et soyeux.
Avec son poil d'hiver, le cheval qui travaille transpire abondamment. Cette transpiration a du mal à sécher après le travail, et le cheval risque de prendre froid. Pour cette raison, les chevaux de sport sont généralement tondus. Il faut alors les protéger du froid avec une couverture.
Par temps frais et après une épreuve, on peut mettre au cheval une chemise (couverture fine en toile).

DESCRIPTION DE LA COUVERTURE

Elle est plus ou moins chaude suivant les usages et recouvre l'ensemble du corps du cheval.
La couverture se boucle au niveau du poitrail et une lanière passe parfois sous la queue pour maintenir l'arrière. Un système de sanglage ventral et des sangles de cuisses maintiennent la couverture en place. Certains modèles, sans sanglage ventral, sont maintenus par un surfaix.

METTRE UNE COUVERTURE EN PLACE

En te mettant à gauche, fais passer tout le côté droit de la couverture vers la droite.
Prends comme repère l'axe de la couverture qui doit prendre place au niveau de la colonne vertébrale. Fais ensuite passer la lanière sous la queue, boucle-la et avance la couverture pour qu'elle soit tendue. En te plaçant derrière, tu peux vérifier qu'elle a la même longueur sur les deux côtés.
Il faut ensuite fermer les boucles ou les velcros de poitrail : l'avant ne doit pas bailler ni être trop serré.

À SAVOIR

La taille des couvertures dépendent des tailles des chevaux.
Ne laisse pas traîner la couverture par terre et déplie-la pour la sécher si elle est mouillée.
Pour les grands chevaux, il est préférable d'être à deux pour mettre une couverture en place.

METTRE ET ENLEVER UNE COUVERTURE (ou une chemise)

Mets ensuite en place le système de sanglage ventral et les sangles de cuisse s'il y en a. Evite de trop serrer les sangles car le cheval doit rester à l'aise dans sa couverture.
S'il n'y a pas de sanglage ventral, mets un surfaix juste en arrière du garrot et ne le serre pas trop.

ENLEVER UNE COUVERTURE

Commence par déboucler les sangles ventrales et celles des cuisses. Ouvre ensuite les boucles de poitrail et la sous-queue. Il y a ensuite deux manières de plier la couverture :

1- En la saisissant au niveau du garrot et de la queue, soulève-la, tire-la sur le côté et plie-la.

2- En la laissant sur le cheval, replie plusieurs fois la partie arrière vers l'avant. Tire-la ensuite sur le côté et replie l'ensemble. Pliée ainsi, il sera plus facile de la remettre en place si tu es seul.

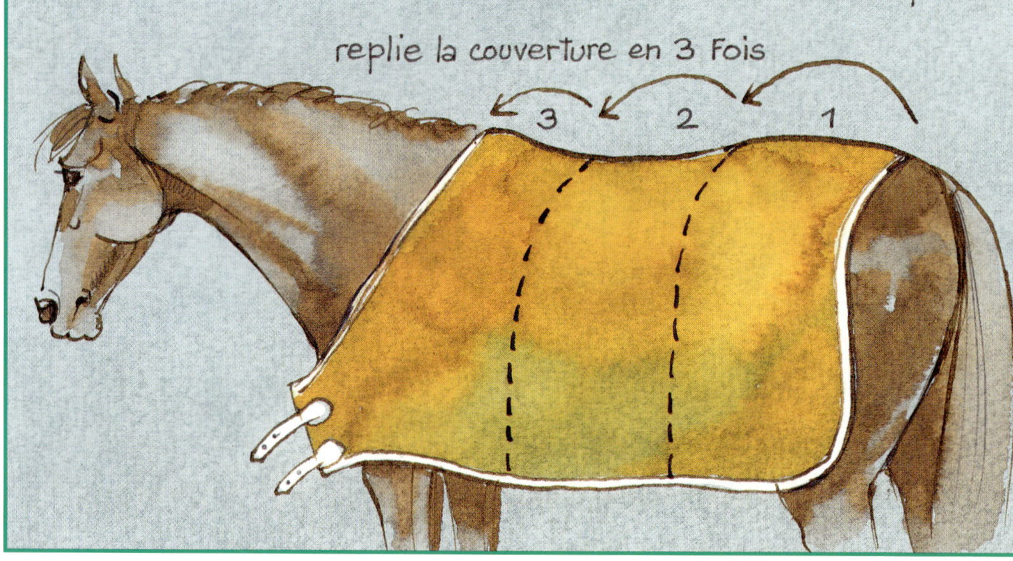

ENTRETENIR LE HARNACHEMENT (cuirs / aciers)

Le harnachement mal entretenu s'use rapidement. Il perd sa souplesse, peut blesser le cheval et n'assure plus le confort du cavalier. L'entretien du cuir se fait en deux opérations :

- Nettoyer la boue et la sueur sur les deux faces du cuir, avec une éponge enduite de savon glycériné (savon gras). Mettre beaucoup de savon, mais peu d'eau.
- Périodiquement, il faut nourrir le cuir avec de la graisse à cuir ou un produit cirant, pour qu'il retrouve sa souplesse naturelle ; surtout s'il a été mouillé par la pluie. Si le cuir est très sec, masse-le en le graissant. Ainsi la graisse pénètre mieux.

CONNAISSANCES

LE BRIDON

Il est préférable de démonter complètement le bridon pour l'entretenir et pour vérifier toutes les pièces. Vérifie les coutures et l'usure des endroits en contact avec le mors. Nettoie ensuite toutes les pièces avec du savon glycériné avant de les graisser.

LA SELLE

Démonte la sangle et les étrivières. Passe soigneusement tous les éléments en cuir au savon glycériné. Les parties qui ne sont pas en contact avec le cavalier peuvent être régulièrement légèrement graissées. Les selles en synthétique sont simplement lavées.

LA SANGLE

La sangle est débarrassée de toute trace de boue. Les modèles en coton ou en synthétique sont soigneusement lavés à l'eau savonneuse puis rincés. La sangle en cuir est passée au savon glycériné.

À SAVOIR

A l'état naturel, le cuir formé par la peau d'un animal (vache dans la plupart des cas) est souple et humide. Après tannage, le cuir se dessèche progressivement s'il n'est pas entretenu. Il faut donc le nettoyer et l'assouplir avec un corps gras. Attention : l'excès de graisse favorise la moisissure.

ENTRETENIR LE HARNACHEMENT (cuirs / aciers)

LES PROTECTIONS DE TRAVAIL

Elles sont lavées au jet ou dans un seau d'eau, puis séchées. Graisse modérément les sangles en cuir, pour éviter que le sable y adhère.

LE TAPIS

Le tapis en coton est simplement brossé et lavé à l'eau claire et au savon. Les poils collés au tapis sont régulièrement brossés. Il faut éviter que la sueur séchée raidisse le tapis.
Il est possible de le laver dans un lave-linge, de l'essorer et de le rincer soigneusement ensuite.

LES ACIERS

Fais tremper le mors avant de le frotter avec une petite brosse ou un tampon à vaisselle.

LA VIE AU CLUB

**Sais-tu ce qui se passe dans le club lorsque tu n'y es pas ?
Ton moniteur ou ta monitrice a beaucoup de choses à faire en plus des leçons d'équitation : gestion, enregistrement des licences, comptabilité, accueil, etc. Il peut être aidé par une secrétaire et secondé par des élèves moniteurs stagiaires. Un palefrenier spécialisé peut également soigner les chevaux.**

CONNAISSANCES PARTICULIÈRES

LA CAVALERIE DU CLUB

Les chevaux qui appartiennent au club

Ce sont des "chevaux d'école". Mercredi, samedi et dimanche, ils sont généralement montés plus que les autres jours. Tu as certainement ton préféré, mais le moniteur attribue les chevaux en fonction du niveau des cavaliers.

Les chevaux de propriétaires

La plupart des clubs hébergent des chevaux ou des poneys qui appartiennent à des propriétaires. Le propriétaire peut alors monter son cheval quand il veut. Il règle le prix de la pension, et le club se charge des travaux d'entretien.

UNE JOURNÉE DE CHEVAL

Tôt le matin, le cheval reçoit son premier repas. Ensuite, les boxes sont curés, les chevaux sont pansés, à moins que les cavaliers du club s'en chargent. Le cheval sera ensuite monté, en moyenne environ quatre heures réparties dans la journée. A midi, il reçoit son deuxième repas. le troisième repas, le plus important, est donné le soir.

LES ACTIVITÉS DU CLUB

La principale activité consiste généralement à préparer les examens d'Equitation. Les reprises regroupent les cavaliers de mêmes niveaux. Des promenades ont également lieu aux beaux jours. La plupart des clubs proposent des compétitions, parfois des rallyes et des randonnées.

CHEVAL OU PONEY

Officiellement, est classé poney un sujet mesurant moins de 1,47 m au garrot. Il peut alors participer aux compétitions officielles réservées aux poneys. Mais pour faire la différence entre le minuscule shetland et le grand Français de selle, le New forest ou autre, les poneys sont classés en quatre catégories de tailles. Sache enfin que pour participer à des compétitions officielles, chevaux et poneys doivent être inscrits dans une des races reconnues par les Haras Nationaux.

GALOP 2

CONNAISSANCES

LES PARTIES DU LICOL, DU FILET ET DE LA SELLE

Les harnachements sont généralement composés de :

- Parties en cuir ou en matières synthétiques.
- Parties métalliques ou en plastique telles que les boucles, le mors, etc.

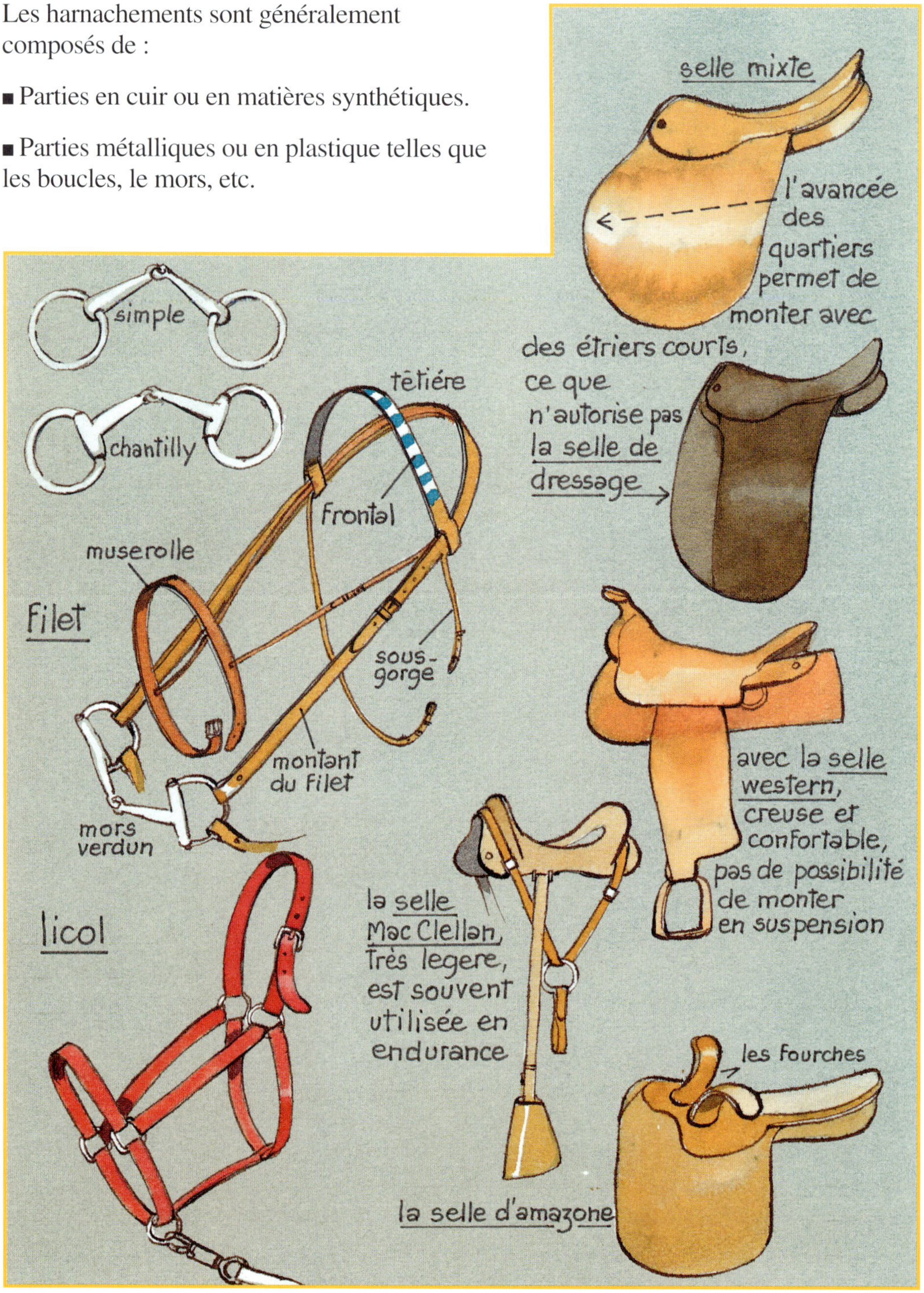

PARTICULARITÉS DES ROBES (marques blanches sur la tête et les membres)

Les mêmes robes peuvent avoir des nuances différentes. On parle par exemple de “bai cerise”, lorsque cette robe présente des nuances rouges ou de “bai brun” pour un cheval qui est presque noir.
Les marques plus ou moins étendues de poils blancs servent également à différencier les robes et aident à effectuer le “signalement du cheval”.
- Selon l’emplacement, ces marques blanches sont appelées :
- **Liste** sur le chanfrein. La liste peut être étroite, large, régulière, déviée...
- **En-tête** sur le front. L’en-tête peut présenter la forme d’une étoile, d’une pelote, d’un losange...
- **Balzane** à l’extrémité d’un membre.
Les balzanes peuvent être plus ou moins étendues et plus ou moins régulières. On parle par exemple de balzane à mi-canon, pour préciser sa hauteur.

À SAVOIR ÉGALEMENT :
- Une zone de peau dépigmentée aux extrémités des lèvres se nomme **ladre.**
- La **raie de mulet** est une bande sombre qui va de la crinière à la queue.
- Un cheval dont la tête est plus foncée que le reste du corps est appelé **cap de Maure.**
- La robe du cheval **zain** est caractérisée par l’absence de poils blancs.

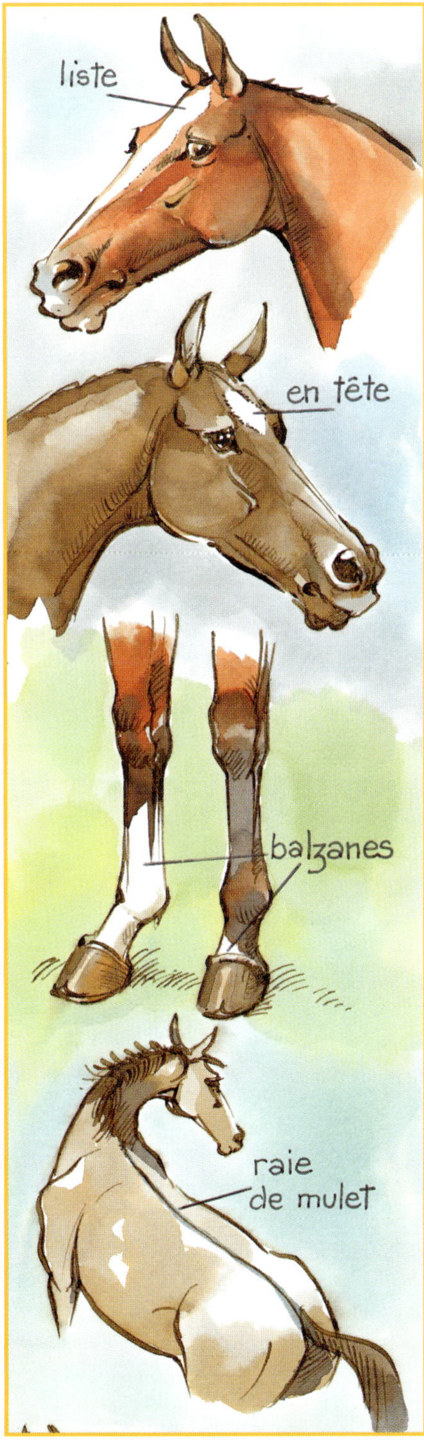

À SAVOIR

Les particularités des robes servent à identifier les chevaux. En fonction des saisons et après la tonte, la couleur de la robe se modifie. La robe grise s’éclaircit au fur et à mesure que le cheval prend de l’âge.

LES AIDES NATURELLES ET ARTIFICIELLES

Pour communiquer avec ta monture et lui transmettre des indications, tu te sers d'un certain nombre de moyens nommés "aides". On parle alors de langage des aides. Les aides peuvent être naturelles ou artificielles.

CONNAISSANCES

LES AIDES NATURELLES

- Les **mains**.
- Les **jambes**.
- Le **poids du corps** par l'intermédiaire de l'assiette. L'assiette est la qualité qui permet au cavalier de rester maître de son équilibre en toutes circonstances.
- La **voix** permet de communiquer, récompenser, calmer ou gronder le cheval.

LES AIDES ARTIFICIELLES

Elles sont utilisées lorsqu'il faut renforcer ou améliorer la précision de l'action des jambes. Les deux principales sont :

- La cravache ;
- Les éperons.

TABLEAU D'UTILISATION DES AIDES NATURELLES

EFFET RECHERCHÉ	MAINS	JAMBES	ASSIETTE	POIDS
Mettre le cheval en avant		✘	✘	
Accélérer		✘	✘	
Ralentir	✘		✘	
Tourner	✘	✘	✘	
Récompenser le cheval	✘			✘

L'IMPULSION

En observant un cheval en liberté qui avance énergiquement ou accélère brutalement, tu peux remarquer qu'il utilise surtout ses postérieurs pour se propulser.

A chaque pas, le cheval engage ses postérieurs sous sa masse (sous son corps) : on parle d'impulsion.

Par définition, l'impulsion est l'énergie utilisée par le cheval pour créer le mouvement.

L'impulsion peut être naturelle ou acquise par un travail de dressage.

COMMENT STIMULER ET UTILISER L'IMPULSION

A l'état naturel, les chevaux ne manifestent pas tous la même impulsion, car leurs tempéraments sont différents. Certaines races, dites "de sang", ont une impulsion marquée qui les prédestinent à se porter énergiquement en avant.
D'autres chevaux, moins énergiques, ont naturellement peu d'impulsion.
L'impulsion est une qualité indispensable en équitation.
Le cavalier doit apprendre à stimuler cette impulsion, à la contrôler et à l'entretenir, pour tirer le meilleur parti de son cheval.

À SAVOIR

L'impulsion est stimulée par les actions des jambes et de l'assiette. La cravache et les éperons renforcent l'action des jambes du cavalier pour "mettre le cheval en avant". Cravache et éperons ne doivent être utilisés que par des cavaliers qui, à cheval, sont maîtres de leurs mouvements.

LES AIDES POUR AVANCER

Pour avancer, tu dois solliciter l'impulsion du cheval, et l'entretenir.
Voici comment procéder :

- Après avoir desserré légèrement les doigts sur les rênes.
- Agis avec les deux jambes à la sangle, en exerçant des pressions brèves et intermittentes avec les mollets, sans "battre des jambes". Si le cheval rechigne à t'obéir, répète tes actions plus énergiquement. S'il n'obéit toujours pas, tu peux le stimuler avec ta cravache, mais sans manifester de brutalité.
- Dès que le cheval obéit, accompagne le mouvement de son dos avec le jeu de ton propre bassin.
- Avec les mouvements de ton bassin, tu incites ton cheval à "allonger sa foulée", ce qui le fait accélérer.

ERREUR A EVITER

En agissant avec les jambes, il ne faut surtout pas agiter ses mains en tirant sur la bouche du cheval qui recevrait dans ce cas deux ordres contradictoires : être porté en avant avec les jambes et être ralenti avec les mains.

CONNAISSANCES

À SAVOIR

De nombreux chevaux désobéissent par manque d'expérience et de détermination du cavalier débutant. Lorsque tu es à cheval montre-toi énergique, ce qui ne veut pas dire brutal.

LES RÈGLES D'OR DU CAVALIER À L'EXTÉRIEUR DU CLUB

À cheval, tu dois respecter les règles de conduite envers les autres cavaliers, les piétons et les véhicules rencontrés.
Sur la route, tu es schématiquement assimilé à une bicyclette. Tu dois donc respecter les panneaux de signalisation, les feux tricolores, les interdictions, etc.

Voici quelques conseils :

CONNAISSANCES PARTICULIÈRES

- En toutes circonstances, il faut rester maître du cheval que tu montes, et te montrer courtois et prudent avec les personnes que tu rencontres
- Dans les agglomérations, reste au pas pour ne pas effrayer les piétons. Conseille-leur gentiment de ne pas s'approcher de ton cheval.
- Sur les chemins, ne galope pas sans visibilité, car tu pourrais te trouver nez-à-nez avec un piéton ou un autre cavalier.
- Lorsque tu croises un autre cavalier, passe au pas, salue-le et ne t'approche pas de lui car les chevaux peuvent se quereller.
- Avant de dépasser un autre cheval, demande l'autorisation à son cavalier et ne t'approche pas trop de son cheval.
- La nuit, tu dois porter des vêtements clairs équipés de bandes indiquant ta présence aux véhicules. Lumière blanche devant et rouge derrière.

ZONES RÉGLEMENTÉES OU INTERDITES

L'accès aux plages est généralement réglementé. Un panneau aux entrées de plage signale les interdictions.

Dans les forêts, certains chemins sont interdits. Un panneau indique les pistes cavalières.
Il est formellement interdit d'aller dans le sous-bois.

Dans les agglomérations, en plus des panneaux habituels, des interdictions peuvent être destinées aux chevaux.

GALOP 3

Après avoir vérifié le bon état général de sa monture et lui avoir ajusté le harnachement, ÊTRE CAPABLE de diriger son cheval aux trois allures, sur des sauts isolés ou en terrains variés.

ÉQUITATION

Rappel : Les aides sont les moyens dont dispose le cavalier pour communiquer avec sa monture
■ Poids du corps, mains et jambes et voix sont les aides naturelles.
■ Cravache et éperons sont les aides artificielles.

L'EMPLOI DES AIDES

Les aides peuvent :
■ **Agir** pour communiquer une demande au cheval. Exemple : les mains agissent pour faire tourner le cheval.
■ **Résister,** pour prolonger ou renforcer une demande. Exemple : pendant la volte, les mains peuvent résister pour maintenir le cheval sur le cercle.
■ **Céder,** en arrêtant d'agir ou de résister. Exemple : à la fin de la volte, les mains cèdent pour permettre au cheval de continuer sur la piste.
En agissant avec ses mains, il ne faut pas bouger involontairement les jambes, et inversement. Tout cavalier doit perfectionner "l'indépendance de ses aides".

NOTIONS DE CONTACT

Le cavalier doit établir un contact avec son cheval pour que ses aides soient efficaces. Ce contact permet au cavalier de communiquer avec sa monture, en percevant ses réactions et en tenant compte pour se faire obéir.
Ce contact s'établit avec :
■ Le **poids de son corps,** qui est réparti différemment suivant les buts recherchés.
■ Les **mains** qui serrent plus ou moins les rênes et jouent sur les articulations des poignets, coudes et épaules.
■ Les **jambes** avec le contact des mollets et des cuisses tournées sur leur plat.

À SAVOIR

En progressant, le cavalier perfectionne son «tact équestre» qui lui permet d'agir juste, au bon moment et en tenant compte du caractère et des réactions de chaque cheval.

ÉVOLUER SEUL

Au niveau galop 3, tu dois être capable de te déplacer individuellement, sans que ta monture suive les autres chevaux de la reprise. Généralement, le moniteur demande aux cavaliers de la reprise de se ranger l'un à côté de l'autre sur la ligne du milieu du manège. Ensuite, à tour de rôle, chaque cavalier sort du groupe pour évoluer tout seul à l'allure indiquée.

• DIFFICULTÉS RENCONTRÉES

- Le cheval ne veut pas se séparer des autres.
- Il ne veut pas garder l'allure voulue et cherche à quitter la piste pour les rejoindre.

PARTIR ET REVENIR AU PAS EN UN ENDROIT PRÉCIS

Pour effectuer un parcours individuellement :

- Prépare-toi : chausse les étriers, corrige ta position et ajuste tes rênes pour être en mesure de diriger ton cheval.
- Agis progressivement avec tes jambes pour mettre le cheval en mouvement dans la direction choisie. Des actions de jambes répétées et énergiques sont généralement nécessaires pour l'obliger à se séparer des autres car naturellement, les chevaux cherchent à rester groupés.
- Dirige-toi vers l'endroit fixé en insistant avec les jambes pour que le cheval reste au pas.
- Garde tes rênes ajustées pour qu'il se sente guidé et ne revienne pas rejoindre les autres chevaux.
- Si tu évolues sur la piste, ajuste la rêne extérieure (côté mur) un peu plus courte, et tiens la cravache dans l'autre main (main intérieure) pour inciter le cheval à garder la piste.

À SAVOIR

Lorsque tu es seul, le cheval a tendance à chercher à rentrer à l'écurie. A l'extérieur, il est particulièrement difficile de séparer les chevaux qui cherchent à se rejoindre, parfois à vive allure.

AU TROT

TROTTER ENLEVÉ SUR LE DIAGONAL DÉSIRÉ

Au trot enlevé, le cavalier s'accorde avec l'un des bipèdes diagonaux et se laisse légèrement enlever un temps sur deux, en reprenant le fond de la selle le temps suivant.
Par définition, tu trottes à **droite,** si tu te rassoies lorsque le **diagonal droit** (antérieur droit et postérieur gauche) est **à l'appui**, et inversement.
Pour changer de diagonal, il suffit de rester assis dans la selle (ou debout), deux temps d'affilée.

STABILISER SON ÉQUILIBRE SUR LES ÉTRIERS

Contrairement à la position en équilibre où le buste est légèrement incliné en avant, au trot assis, le cavalier doit garder le buste vertical. Le rein souple absorbe les secousses du trot, sans que les fesses ne décollent de la selle.

ÉVOLUER SEUL

Lorsque tu évolues seul au trot, il faut entretenir l'impulsion du cheval avec tes jambes, pour éviter qu'il ne repasse au pas.
Pour éviter de bouger les mains, tu peux les poser sur l'encolure lorsque tu es au trot enlevé.
En principe, tu dois trotter enlevé sur la piste, mais rester au trot assis pendant que tu exécutes des figures.
Tu apprendras plus tard, pourquoi il faut parfois changer de diagonal au trot enlevé.

CONSEILS

Ne tire pas sur tes rênes pour te soulever de la selle et n'avance pas les jambes, car tu aurais du mal à te soulever. Pour trotter sur le bon diagonal, tu peux compter dans ta tête "un" lorsque le diagonal sur lequel tu veux trotter vient à l'appui, et "deux" pour l'autre temps. Il suffit alors d'être assis en prononçant "un".

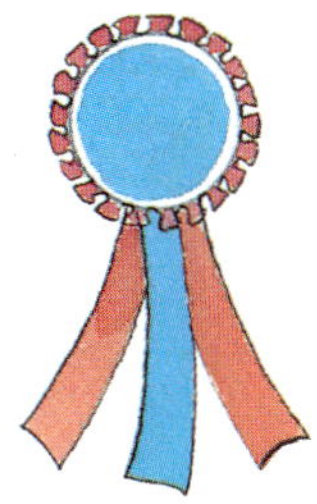

CONDUIRE SUR DES COURBES SERRÉES

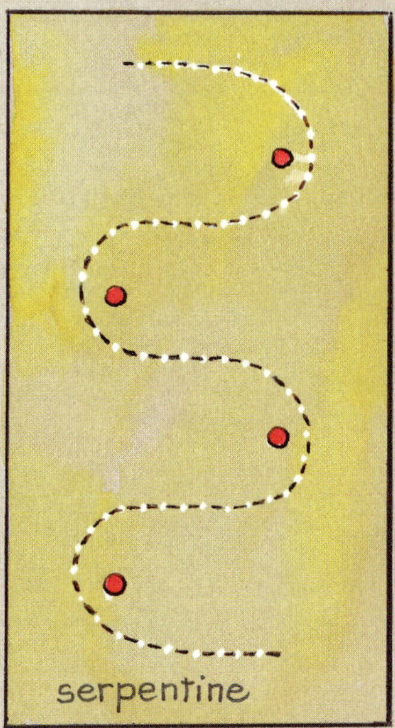

Pour conduire le cheval au trot sur des courbes serrées, il faut commencer à ralentir avant de tourner.
Il est préférable de tourner au trot assis. Regarde dans la direction où tu dois aller, et dispose rapidement tes aides pour tourner. Tu dois agir avec des aides un peu plus marquées et plus précises, que pour le tourner large.

• LE DOUBLER

Dans un doubler dans la largeur sur une ligne donnée, prépare tes aides, car avec la vitesse du trot, le cheval ne peut pas tourner instantanément lorsque tu le lui demandes.

Si tu étais au trot enlevé, pense à changer de diagonal chaque fois que tu changes de main.

• LE SLALOM

En effectuant un slalom à cheval, il faut "inverser tes aides" en passant sur la ligne formée par les plots, pour trotter toujours sur le diagonal extérieur. N'essaie pas de tourner serré tant que le cheval n'est pas équilibré dans son allure, ou qu'il se défend contre la main.

À SAVOIR

Lorsqu'au trot enlevé tu veux allonger l'allure, c'est au moment où tu reprends le fond de la selle qu'il faut agir avec les deux jambes. Si le cheval est jeune ou qu'il n'est pas suffisamment assoupli, évite de tourner serré.

AU GALOP

RECHERCHER SON ÉQUILIBRE ASSIS

• RAPPEL :

Le cavalier peut galoper :

■ **En équilibre** au dessus de ses étriers qui ont été raccourcis, le buste incliné en avant, les jambes en place, les talons bas, les mains éventuellement en appui sur l'encolure.

■ **Assis**, le buste droit, les épaules en arrière, en suivant le mouvement de bascule du cheval (3e temps) par le jeu de ses reins et de son dos. L'assiette épouse le mouvement du dos du cheval.
Contrairement au trot où l'encolure et la tête du cheval sont relativement fixes, au galop, l'encolure bouge et le cavalier doit accompagner le balancement avec ses mains.

ÉVOLUER SEUL

Comme aux autres allures, pour évoluer seul au galop, il faut :

■ Maintenir le galop pour que le cheval ne se remette pas au trot ou au contraire, cherche à “prendre la main” en accélérant.

■ Assurer la conduite avec ses mains.

■ Garantir son propre équilibre et son aisance.

Chaque fois que tu changes de direction, le cheval doit changer de pied : galop à droite s'il tourne à droite, galop à gauche s'il tourne à gauche.

A ton niveau, tu peux remettre ton cheval au trot quelques foulées pour qu'il se mette au galop sur le bon pied après avoir changé de direction.

À SAVOIR

A l'extérieur, c'est au galop que le cheval fait généralement des écarts, accélère brutalement ou se livre à des sauts de mouton. Il faut donc se méfier du premier galop fait pendant la promenade !

PARTIR AU GALOP EN UN POINT PRÉCIS ET SUR LE BON PIED

● RAPPEL :

Naturellement, et pour des raisons d'équilibre, le cheval galope normalement sur le pied droit pour tourner à droite; et inversement.
Dans un manège, le cavalier piste à main droite doit donc galoper sur le pied droit; et inversement. Mais sur une ligne droite, le cheval peut partir au galop sur le pied droit ou sur le pied gauche. C'est donc au cavalier de lui demander de galoper sur le pied choisi en disposant ses aides correctement.
Ne demande pas de départ au galop tant que le cheval n'est pas équilibré dans son allure et que tu ne contrôles pas sa vitesse.

● DÉPART AU GALOP À DROITE

Le cheval au trot doit disposer d'une bonne impulsion.

■ Préparation

Tu peux légèrement traverser le cheval avec une jambe isolée gauche (extérieure) qui pousse les hanches vers l'intérieur du manège (droite).
L'avant main est maintenue sur la piste avec les deux rênes ajustées.

■ Déclenchement du départ

Buste droit, commande avec les jambes le départ au galop à droite. Si le cheval rechigne, renforce l'action de tes aides. Ensuite, accompagne le mouvement du galop. Il te reste à vérifier que le cheval galope sur le bon pied.

■ Vérification

Ne te penche pas vers la droite, car le cheval pourrait changer de pied. Baisse simplement le regard pour constater que l'épaule droite prend de l'avance sur l'autre. Tu dois également sentir le mouvement de ton bassin de gauche vers la droite, et d'arrière vers l'avant.

À SAVOIR

Par définition, dans un manège, le cheval piste à main droite est "juste", s'il galope sur le pied droit ; et inversement. Lorsque le cheval galope, à droite par exemple, ne te penche pas à droite pour vérifier sur quel pied il galope, car le fait de mette ton poids à droite, l'incite à changer de pied.

ÉQUITATION

RECHERCHER SON ÉQUILIBRE SUR LES ÉTRIERS SUR DES SAUTS ISOLÉS ET/OU EN TERRAIN VARIÉ

● LES GRANDES FAMILLES D'OBSTACLES

■ Les CAVALETTI sont des petits obstacles utilisés pour apprendre au cavalier à sauter. Leur hauteur est généralement inférieure à 50 cm.

■ Les OBSTACLES MOBILES de concours faits généralement de barres qui tombent en cas de choc.

■ Les obstacles FIXES qui sont imposants : tronc, stère... En cross, ils peuvent être disposés dans des pentes.

■ Les FRANCHISSEMENTS naturels qui ne comportent pas forcément de saut telles que les difficultés naturelles rencontrées sur le P.T.V. (Parcours en Terrain Varié).

À SAVOIR

Sur de petits obstacles, éviter de trop incliner le buste vers l'avant. Mais le plus important est de ne pas gêner le mouvement de l'encolure pendant le saut. Il est inutile d'aller vite dans la phase d'abord.

SAUT ET/OU EN TERRAIN VARIÉ

S'ÉQUILIBRER EN TERRAIN VARIÉ

Dans les **montées,** mets-toi en équilibre, en tenant éventuellement une poignée de crins si la pente est forte, car en restant en arrière, tu gênes le rein du cheval.

Dans les **descentes,** ralentis, redresse le buste en position verticale, mets-toi en appui sur les étriers. Tu peux t'appuyer avec les mains au niveau du garrot.

SAUT ET/OU EN TERRAIN VARIÉ

CONTRÔLER L'ALLURE À L'ABORD ET À LA RÉCEPTION DE SAUTS ISOLÉS ET/OU EN TERRAIN VARIÉ

• SAUTS ISOLÉS

Pour se familiariser avec le saut de petits obstacles, il est préférable de rester au trot.

Dans la **phase d'abord,** le cheval doit être calme et équilibré, sans tirer sur les rênes.
- Les jambes restent vigilantes au contact, entretiennent l'impulsion pour que le cheval ne soit pas tenté de refuser.
- Pour éviter que le cheval accélére, garde les mains au contact, prêtes à résister.

Si le cheval prend la main en accélérant brusquement, le moniteur te conseillera certainement de ne pas sauter, mais de mettre le cheval sur un grand cercle pour le ralentir et le rééquilibrer.

Après avoir franchi l'obstacle, le cheval doit conserver son allure sans ralentir, ni profiter d'un manque d'équilibre du cavalier pour accélérer.

• EN TERRAIN VARIÉ

Les petits obstacles peuvent être enjambés au pas : tronc avec des branches par exemple. Dans les montées, évite de galoper. Reste au pas dans les descentes, pour éviter que le cheval ne se laisse emporter par la pente, surtout si le sol n'est pas stable. Dans les passages boueux et profonds, laisse une importante liberté d'encolure au cheval car il a besoin de son balancier naturel pour s'équilibrer. Dans les parcours de CSO ou de cross, la vitesse est imposée en fonction du niveau de l'épreuve.

À SAVOIR

Il ne faut jamais sauter un obstacle si on ne connaît pas la réception. Sur un terrain glissant, reste au trot ou au pas. Ne fais pas sauter le cheval si le sol est inégal, dur, gelé ou trop boueux.

SAUT ET/OU EN TERRAIN VARIE

CONDUIRE À L'ABORD ET À LA RÉCEPTION DE SAUTS ISOLÉS ET/OU EN TERRAIN VARIÉ

Un cheval qui rechigne à sauter ou qui est mal conduit peut dérober dans les dernières foulées en passant à côté de l'obstacle. Généralement il accélère en se sentant fautif.

● SUR DES SAUTS ISOLÉS

Les oreilles, ou barre en biais disposée de part et d'autre de l'obstacle aident à canaliser le cheval. Pour éviter une dérobade :

- Dans la phase d'abord, ne laisse pas le cheval zigzaguer. Il doit être encadré avec des rênes ajustées et des jambes au contact pour conserver son impulsion et lui manifester ton autorité.
- Aborde l'obstacle au milieu et perpendiculairement, car en sautant de biais, le cheval est tenté de dérober.
- Conserve un tracé rectiligne, même après la réception.

Si le cheval dérobe à droite par exemple, il faut l'arrêter au plus tôt, et le ramener sur l'obstacle par la gauche.

● EN TERRAIN VARIÉ

- Les montées et les descentes, doivent être abordées de face, car de biais le cheval peut glisser sur le côté.
- Ne pénètre pas dans l'eau si tu ne connais pas la profondeur et la nature du fond.
- Il est préférable de marcher au fond d'une ornière car si les bords sont glissants, le cheval peut déraper; en randonnée, si ton cheval porte des sacoches, tiens compte de sa "surlargeur"; entre les arbres par exemple.

À SAVOIR

Le sens de franchissement des obstacles de cross ou de CSO (Concours de Saut d'Obstacles), est défini par des fanions de couleurs: rouge à droite et blanc à gauche. Certains obstacles peuvent être franchis dans les deux sens. Ils ont donc deux paires de fanions.

INSPECTION DES MEMBRES ET SOINS ÉLÉMENTAIRES AVANT ET APRÈS LE TRAVAIL

SOINS

Le pansage du cheval se complète de certaines vérifications : blessures dues au harnachement, inspection des pieds, de la ferrure et des tendons.

INSPECTION ET SOINS AUX PIEDS

● INSPECTION

Il faut curer les pieds avant et après le travail pour les quatre raisons suivantes :

■ Dégager les lacunes.

■ Nettoyer la sole en s'assurant qu'il n'y a pas de bleime (poche de sang due à des chocs). ni de blessure par "clou de rue" (perforation accidentelle de la corne).

■ S'assurer que les fers ne sont pas trop usés et qu'ils sont solidement fixés aux sabots.

■ Vérifier l'état de la corne (présence de seime), s'assurer que le pied n'est pas blessé et qu'il est froid (le toucher avec le dos de la main).

● SOINS

Une à deux fois par semaine, il faut graisser la corne pour conserver sa souplesse. Passe l'onguent de pieds avec un pinceau sur toute la paroi du sabot et sur la sole. Il est préférable de graisser au retour du travail pour que les frottements n'enlèvent pas la graisse.

MEMBRES ET PIEDS

● VÉRIFICATIONS

En brossant le membre sur toute sa longueur, passe la main sur les genoux, les jarrets, les tendons et les boulets pour déceler une éventuelle chaleur anormale, un engorgement (partie enflée) ou une sensibilité inhabituelle. Le pied peut également souffrir d'une atteinte due à un choc. Vérifie également que les plis des paturons ne présentent pas de crevasses.

À SAVOIR

Si la corne s'effrite et que les crins sont cassants, le cheval souffre certainement d'un déséquilibre alimentaire. Il faudra lui donner des vitamines. Toute chute anormale de poils doit être signalée au moniteur ou au palefrenier.

INSPECTION DES MEMBRES ET SOINS ÉLÉMENTAIRES AVANT ET APRÈS LE TRAVAIL

● SOINS

Au retour du travail, douche les membres pour les nettoyer. Le jet d'eau masse également les tendons sur les deux côtés. Sèche ensuite soigneusement les plis des paturons pour éviter la formation de crevasses.

RESTE DU CORPS

Les zones qui peuvent être blessées par le harnachement sont :

■ Les parties de la **tête** en contact avec les montants du bridon, la zone située sous la muserolle, et les parties de la bouche en contact avec le mors.

■ Vérifie que la partie du **corps** en contact avec la selle, particulièrement au niveau du **garrot,** n'est pas blessée. La peau fripée ou la présence d'une boule (gonfle) doit être signalée.

■ Vérifie avec soin que le **passage de sangle** n'a pas été blessé par la sangle.

■ Des éperons ont pu également blesser les **flancs.**

PRECAUTIONS APRÈS LE TRAVAIL

Si le cheval a été monté longtemps, en randonnée par exemple, ne desselle pas dès l'arrivée pour éviter la formation d'une gonfle. Après avoir dessanglé de deux trous et marché quelques temps il faut attendre que la circulation du sang se soit rétablie normalement avant d'enlever la selle. Tu peux le bouchonner pour réactiver la circulation du sang sous la selle.

■ Ne laisse pas un cheval dessellé sous la pluie ou dans le vent. Mets-lui une couverture.

INSPECTION DES MEMBRES ET SOINS ÉLÉMENTAIRES AVANT ET APRÈS LE TRAVAIL

■ S'il est mouillé, il faut le bouchonner longuement avec une poignée de paille sèche (ou des serviettes) pour le sécher et activer la circulation du sang.
Ne le laisse pas boire trop d'eau froide d'un seul trait. Fais-le boire en plusieurs fois

■ Lorsque le temps le permet, tu peux le doucher entièrement et essorer ensuite son poil avec le couteau de chaleur.

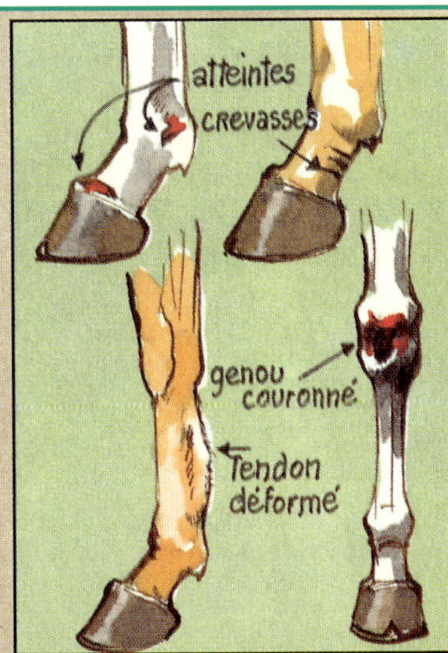

ENTRETENIR UNE LITIÈRE

La litière isole le cheval du froid, assure son confort lorsqu'il se couche et absorbe ses urines. La litière traditionnelle est faite de paille qui peut être remplacée par d'autres matières absorbantes comme les copeaux, le lin, la tourbe et même le papier haché.
En grignotant la paille de sa litière, le cheval occupe son ennui et améliore son lest intestinal (fibres prenant du volume dans le tube digestif) comme il le ferait en pâture en broutant de l'herbe.

COMMENT ENTRETENIR LA LITIÈRE

■ Chaque matin, il faut retirer les crottins et enlever avec la fourche la paille souillée. Remettre de la paille propre en disposant un bourrelet le long des murs du box. Cela se nomme : pailler en bateau.
■ Le soir, et éventuellement à la mi-journée, enlever les crottins ou les mettre dans un coin, et reformer le bourrelet le long des murs, avec de la paille non souillée.
■ Le jour de repos, c'est à dire généralement une fois par semaine, curer le box à fond, gratter le fumier collé sur le sol et laver éventuellement le sol en le désinfectant.
Chaque club a ses habitudes, certains curent les boxes à fond deux fois par semaine, mais n'ajoutent pas de paille fraîche chaque jour.

● INSTRUMENTS UTILISÉS

Les instruments traditionnels sont :
■ La **fourche,** qui sert à manier la paille et le fumier.
■ La **raclette,** qui gratte le sol du box;
■ Le **balai** et le **râteau à paille** nettoient les allées.
■ La **brouette** ou un engin mécanique sert à transporter la paille et le fumier.

À SAVOIR

Certains chevaux souffrent de problèmes respiratoires dus à la présence de poussières dans la paille. Il faut alors remplacer la paille par des copeaux par exemple. En hiver, on peut laisser en place la partie inférieure de la litière (gâteau) qui réchauffe en se décomposant.

AJUSTER LE HARNACHEMENT

Les harnachements sont réglables, car les têtes des chevaux ne sont pas toutes identiques.

AJUSTAGE DU FILET

■ Les **montants** :
La hauteur du mors dans la bouche du cheval se règle avec les montants. Le réglage est correct lorsque le mors est en contact avec les commissures des lèvres sans les comprimer. Les deux montants se règlent à la même longueur.

■ La **sous-gorge :**
Elle ne doit en aucun cas comprimer la gorge. Elle est bouclée en laissant la valeur d'un poing entre elle et la gorge.

■ Le **frontal** ne se règle pas, mais il ne doit ni serrer le front, ni bailler.

■ Le **mors de filet :**
Sa longueur dépend de la taille de la bouche du cheval. Elle est correcte, lorsqu'il dépasse de quelques millimètres de chaque côté de la bouche.

■ La **muserolle :**
Elle sert à limiter l'ouverture de la bouche. Son réglage dépend du modèle :

- la muserolle française prend place à deux doigts des apophyses zygomatiques. elle n'est pas serrée.

- la muserolle allemande se boucle en avant du mors. Elle maintient la bouche fermée sans la comprimer ni gêner les naseaux.

- La muserolle combinée est bouclée de part et d'autre du mors sans comprimer la bouche.

A SAVOIR

Par mesure de sécurité, on évite de boucler les montants au dernier trou (le plus court). On garde un trou pour pouvoir boucler le montant en cas de rupture. Dans un club, chaque cheval a généralement sa propre embouchure. qu'il faut ranger à sa place après utilisation.

POURQUOI CHANGER DE BIPÈDE DIAGONAL AU TROT ENLEVÉ ?

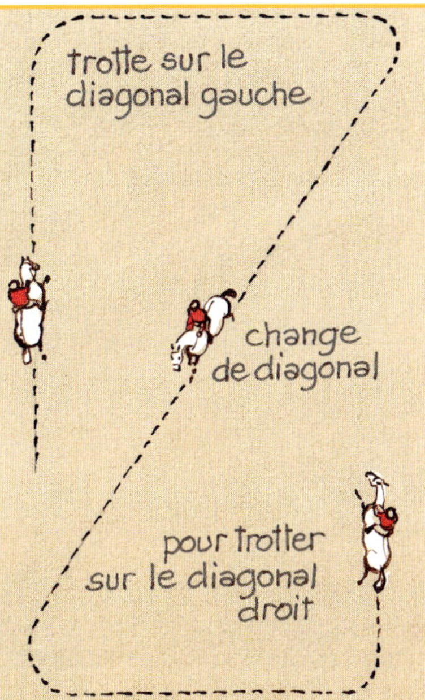

Le cavalier est amené à changer de diagonal sur lequel il trotte pour plusieurs raisons :

EN MANÈGE OU EN CARRIÈRE

Pour des raisons d'équilibre, il faut trotter sur le bipède diagonal extérieur (côté pare bottes). Tu dois donc changer de diagonal à chaque changement de main. Sur la diagonale, le changement se fait au point X.

À L'EXTÉRIEUR

En promenade, il faut éviter de trotter constamment sur le même diagonal. Pense à changer régulièrement, pour équilibrer la fatigue des épaules du cheval.

COMMENT CHANGER DE DIAGONAL ?

Tout en restant au trot enlevé, il suffit de rester assis (ou en l'air), pendant deux temps d'affilée pour changer de diagonal.

À SAVOIR

Lorsque le cavalier change de diagonal, le cheval à besoin de deux à trois foulées pour se rééquilibrer. Pour voir sur quel diagonal tu trottes, ne te penche pas en avant, observe les épaules du cheval.

NOTIONS DU RÔLE DE LA FERRURE

Le cheval monté sur toutes sortes de terrains doit être ferré pour protéger la corne de l'usure.
Les fers sont adaptés à la forme de chaque pied par le maréchal ferrant. La ferrure comprend également le parage des pieds (taille de la corne) qui doit respecter les aplombs naturels du cheval.

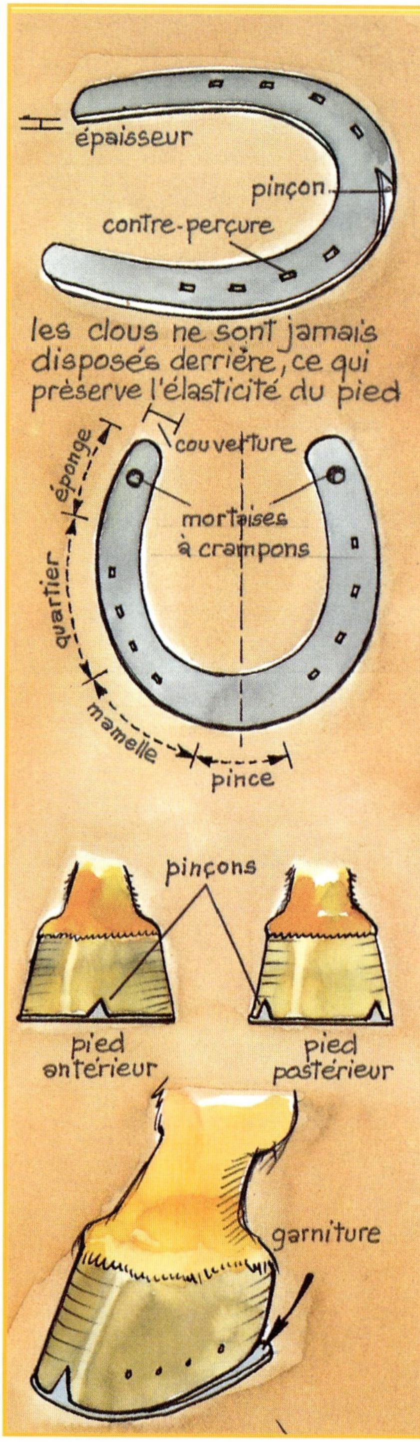

DESCRIPTION DU FER

■ Le fer présente deux branches : externe et interne. Chaque branche a une **rive externe** et une **rive interne**. La distance entre les rives se nomme la **couverture.**
■ Le fer a **deux faces :** supérieure, en contact avec le sabot et inférieure en contact avec le sol. Les trous de la face supérieure se nomment les **contre-perçures.** A la face en contact avec le sol, les **étampures** recoivent les têtes des clous. Une branche du fer est **"étampée à gras"**, lorsque les étampures sont éloignées de la rive externe. Dans le cas contraire, elle est **"étampée à maigre"**. L'**épaisseur** du fer est comprise entre les deux faces.
■ Le **pinçon** est le petit triangle de métal qui renforce la tenue du fer.
■ Les fabricants proposent des fers de **tailles** et de modèles différents, suivant les chevaux et les utilisations.

● DIFFÉRENCES ENTRE FER ANTÉRIEUR ET FER POSTÉRIEUR

■ **Pinçon :** le fer antérieur n'en a qu'un, alors que le postérieur en a généralement deux sur les côtés.
■ **Forme :** le fer antérieur est arrondi alors que le postérieur est plus ovale.

● DIFFÉRENCES ENTRE FER DROIT ET FER GAUCHE

■ La pointure est généralement marquée à l'extrémité de la branche externe.

À SAVOIR

Le grain d'orge de la pointe du clou lui donne une trajectoire courbe qui le fait ressortir de la corne. La tête et le collet du clou prennent place dans l'étampure. Malgré l'usure, le clou continue à maintenir le fer contre le sabot.

NOTIONS DU RÔLE DE LA FERRURE

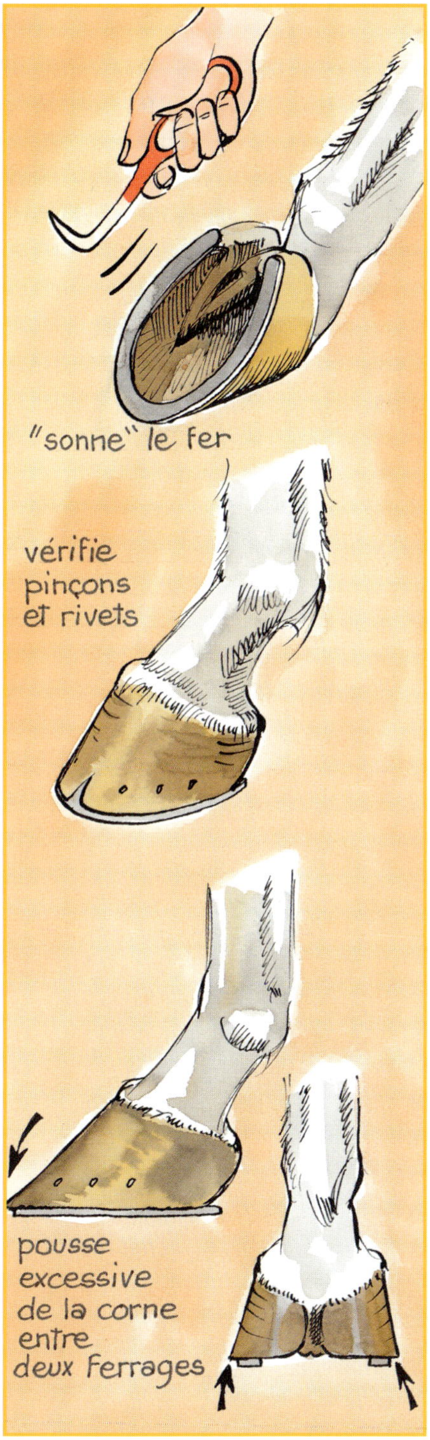

- La branche externe est légèrement plus allongée et plus arrondie que l'autre.
- La branche externe est étampée plus à gras que la branche interne.

COMMENT APPRÉCIER L'ÉTAT DE LA FERRURE

Soulève tour à tour les quatre pieds et vérifie les points suivants :

• TENUE DU FER

"Sonne" le fer en le frappant avec un cure-pied: toute vibration est suspecte.
Assure-toi que les rivets et les pinçons sont solidement rabattus contre la corne et que le fer ne bouge pas. En marchant sur la route, tu peux entendre le bruit d'un fer qui vibre. Vérifie aussi que les têtes des clous n'ont pas traversé le fer s'il est trop usé.

• USURE DU FER

Pour chaque fer, recherche la zone la plus usée, car c'est là que le fer va lâcher. Note que les antérieurs s'usent en priorité en pince (partie située devant). Pour un même travail, certains chevaux usent leurs fers plus rapidement que les autres. De nombreux poneys, qui évoluent sur des terrains souples, ne sont pas ferrés mais il faut vérifier régulièrement que la corne ne pousse pas de travers (aplomb correct).

• POUSSE DE LA CORNE

La corne protégée par le fer, continue à pousser. Les sabots ont donc tendance à s'allonger, ce qui fatigue les tendons. L'excès de corne d'un "pied trop long" peut également dépasser inégalement sur les côtés du fer, ce qui nuit à l'aplomb et fatigue les membres. La corne pousse plus rapidement par temps chaud, et lorsque le cheval travaille régulièrement.

CONNAISSANCES

À SAVOIR

Le cheval doit être referré toutes les quatre à six semaines, sans jamais dépasser deux mois. Même si les fers ne sont pas usés, le maréchal les enlève, taille l'excès de corne et rectifie le sabot (parage) avant de clouer les fers ajustés à la forme de chaque pied.

DESCRIPTION DE LA TÊTE ET DES MEMBRES (EXTÉRIEUR)

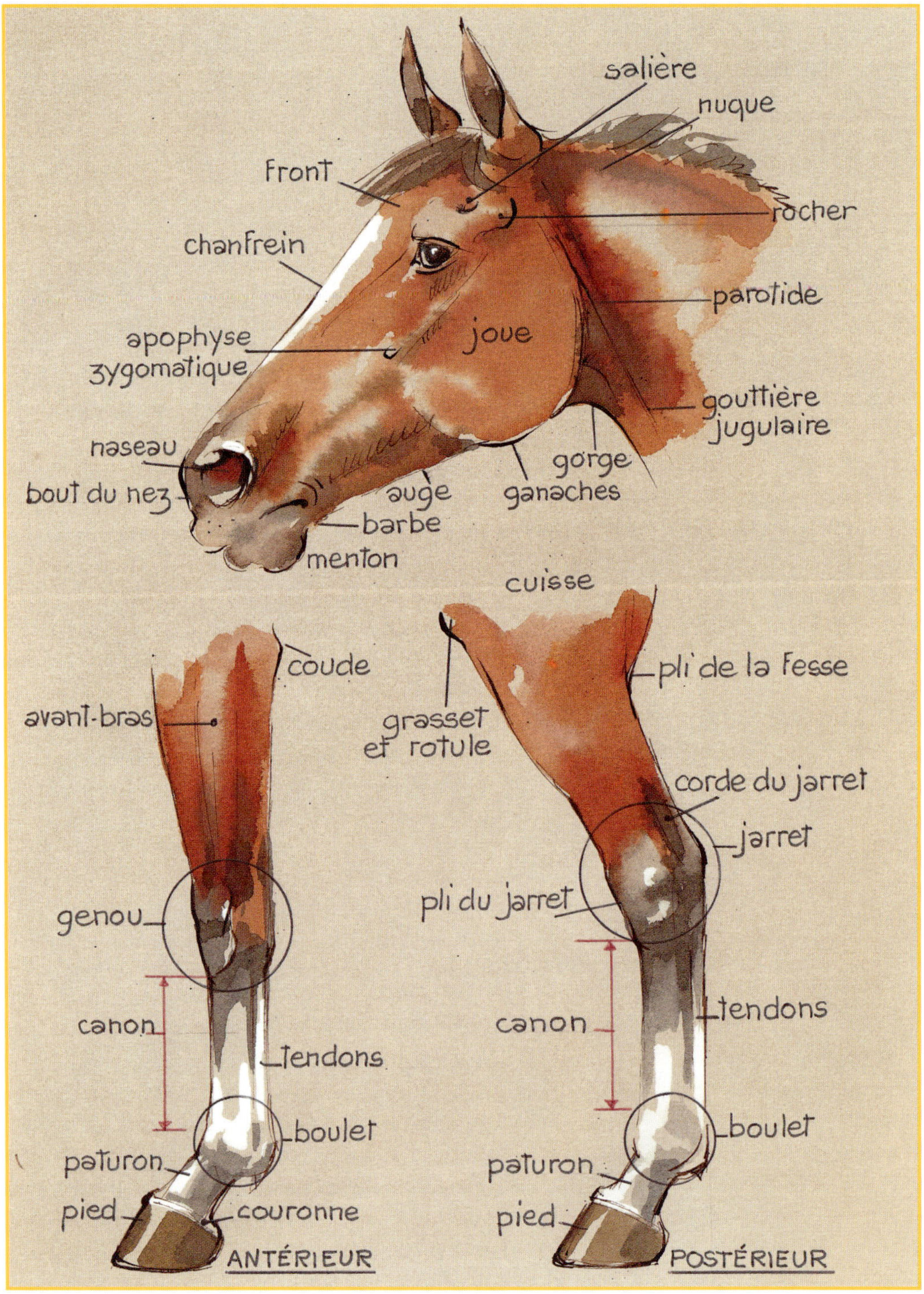

LE PIED

Les chairs vives du pied sont protégées par une enveloppe de corne insensible tout comme nos ongles : le sabot.
Le pied est conformé pour amortir les chocs.

CONNAISSANCES

L'EXTÉRIEUR DU PIED

■ **La paroi** ou muraille est la partie visible du sabot, lorsque le pied est posé. La corne pousse à partir du bourrelet principal tout autour de la couronne, à raison d'environ un centimètre par mois ; c'est l'avalure. La paroi est divisée en quatre régions : pince, mamelle, quartier et talons (avec les arc-boutants).

■ **Le bourrelet périoplique** (ou périople) est une bande située au dessus de la paroi. Il sécrète un vernis qui protège la corne du dessèchement et de l'excès d'humidité. Tu peux observer ce vernis naturel sur la partie supérieure du sabot.

■ **La face plantaire,** située sous le pied, comprend :

- Sous le pied, la sole en forme de voûte, est constituée de corne flexible moins dure que la paroi.

- La fourchette entre les barres, se prolonge par les glomes. Les vides latéraux se nomment lacunes latérales. Le creux du milieu est la lacune médiane.

- Les talons et la fourchette s'écartent lorsque le pied vient à l'appui sur le sol, ce qui forme le mécanisme d'amortissement du pied.

- La ligne d'union entre la paroi et la sole se nomme sillon circulaire ou ligne blanche.

À SAVOIR

Quelle que soit son utilisation, le cheval ne peut être performant s'il n'a pas de bons pieds. Les pieds doivent donc faire l'objet de soins réguliers et attentionnés. Toute anomalie doit être signalée à la personne responsable des chevaux.

LE PAS
LE TROT
1er temps
diagonal droit
2ème temps
3ème temps
projection
4ème temps
diagonal gauche
retour du 1er temps, etc...
projection, puis retour
au diagonal droit, etc...

Le cheval dispose de trois allures naturelles pour se déplacer : le pas,le trot et le galop.
En décrivant l'ordre dans lequel les pieds se posent, on commence par un membre postérieur engagé, au moment où il est à l'appui.

Explications :

- Une allure est dite marchée, lorsqu'un membre est toujours à l'appui. Elle est dite sautée lorsque pendant la suspension, aucun membre ne touche le sol.
- Une allure est symétrique lorsque les mouvements de ses membres gauches, sont répétés de la même manière du côté droit.
- On nomme bipède, l'association de deux pieds.

LE PAS

A l'état naturel, le cheval se déplace la plupart du temps au pas. C'est l'allure la plus lente: environ 6 à 7 km par heure (environ 110 m à la minute). Le pas est une allure marchée, symétrique, à quatre temps égaux. Au pas, le cheval fait entendre quatre battues équidistantes.

LE TROT

La vitesse du trot est environ le double de celle du pas: 14 à 15 km par heure (environ 240 m à la minute). Le trot est l'allure habituelle de travail. Le trot est une allure sautée, symétrique, à deux temps égaux, correspondant aux battues des deux diagonaux.

LE GALOP

C'est l'allure la plus rapide, environ le triple de celle du pas: entre 20 et 30 km par heure (400 à 450 m à la minute), avec des pointes qui peuvent atteindre 60 km par heure en course. Le galop est une allure sautée et basculée, dissymétrique, à trois temps inégaux suivis d'une période de projection. Le cheval peut galoper à droite ou à gauche suivant le bipède latéral qui prend de l'avance sur l'autre.

À SAVOIR

Pour te souvenir des vitesses, il faut penser à 7, 14 et 21 soit en km par heure: 7 au pas, 14 au trot et 21 au galop.

LES AIDES DU TOURNER : DEUX RÊNES DANS UNE MAIN, UNE RÊNE DANS CHAQUE MAIN ?

Suivant le niveau d'équitation du cavalier et le degré de dressage du cheval, les "actions de mains" sont variables.
Pour établir un contact qui lui permet de communiquer avec sa monture, le cavalier doit ajuster ses rênes.

UNE OU DEUX MAINS ?

Tu peux tourner soit :
- En ayant une rêne dans chaque main.
- En tenant les deux rênes dans une seule main.

EFFET DIRECT OU EFFET CONTRAIRE ?

Le cavalier peut faire tourner son cheval soit
- Avec un effet direct : le cheval dans ce cas s'incurve dans la direction où il tourne (la rêne d'ouverture est un effet direct).
- Avec un effet contraire : le cheval tourne dans un sens en orientant sa tête et son encolure dans le sens contraire. On peut également parler de rêne d'appui.

TOURNER AVEC UNE RÊNE DANS CHAQUE MAIN

En dirigeant ton regard et en pivotant légèrement ton buste dans le sens où tu veux tourner, tu indiques déjà au cheval ton désir de prendre une direction donnée.

• EFFET DIRECT

Tourner à droite avec la main droite.
Pour tourner à droite par exemple :
- Dirige ton regard vers la droite et pivote légèrement ton buste dans ce sens.
- Tout en tournant les ongles de la main droite vers le haut, la main droite se porte vers la droite et la main gauche avance, pour permettre à l'encolure de s'incurver vers la droite.

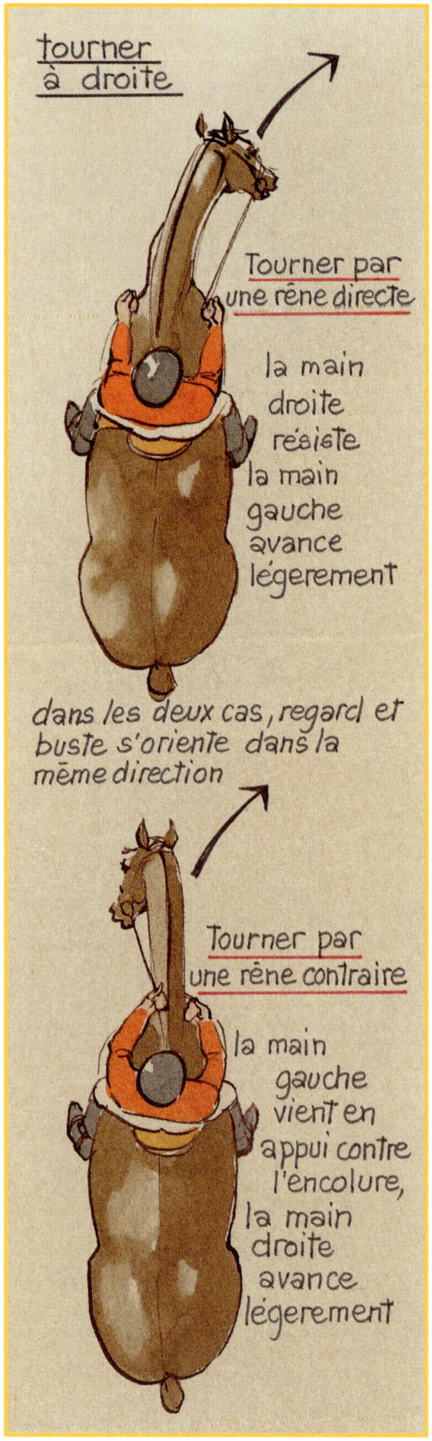

À SAVOIR

Progressivement, un code s'établit entre le cavalier et le cheval et les actions de main deviennent de plus en plus discrètes.

LES AIDES DU TOURNER : DEUX RÊNES DANS UNE MAIN, UNE RÊNE DANS CHAQUE MAIN ?

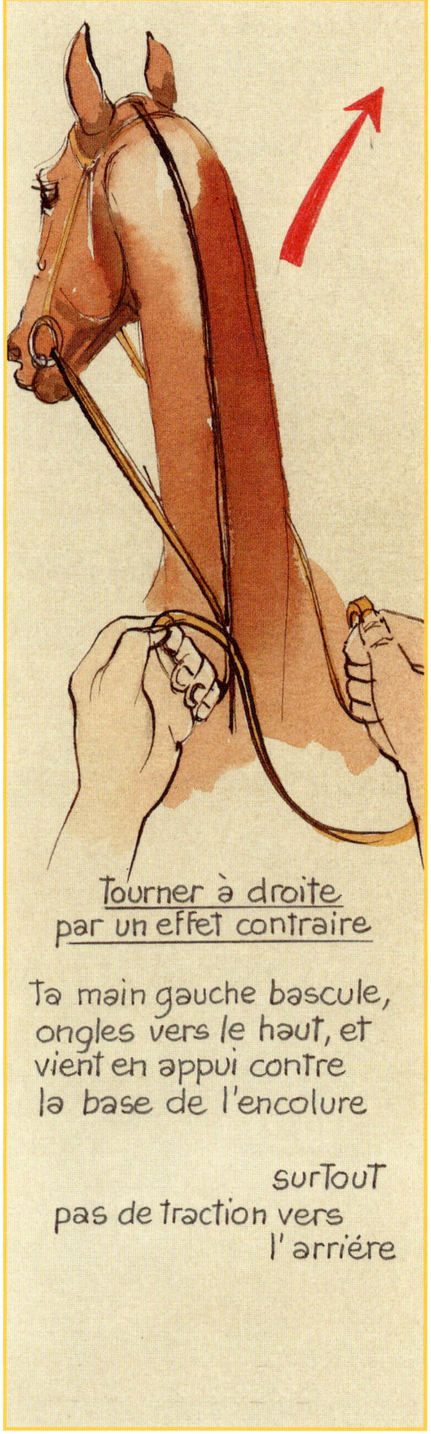

Tourner à droite par un effet contraire

Ta main gauche bascule, ongles vers le haut, et vient en appui contre la base de l'encolure

surtout pas de traction vers l'arrière

- Tes jambes entretiennent l'impulsion.
- Le cheval tourne à droite avec un effet direct de la rêne droite.

Pendant le tourner, la ligne de tes épaules est restée parallèle à celle du cheval.
A la fin du tournant, reprends ta position normale.

• EFFET CONTRAIRE

Tourner à droite avec la main gauche.

Pour tourner à droite, tu peux également te servir de ta main gauche qui agit par un effet contraire.

- Comme pour l'effet direct, ton regard doit s'orienter dans le sens où tu veux tourner. Pivote également ton buste dans ce sens.
- La main gauche après avoir porté ses ongles vers le haut, se déplace vers la droite et vers l'avant, pour venir en appui contre la partie supérieure de l'encolure qui s'incurve vers la gauche. Cette main gauche, ne doit pas dépasser l'axe de l'encolure.
- La main droite avance légèrement pour permettre à l'encolure de s'incurver vers la gauche.
- Tes jambes entretiennent l'impulsion car le cheval a tendance à ralentir.
- Le cheval tourne alors à droite par un effet contraire de la main gauche.

Pendant le tourner, la ligne de tes épaules est restée parallèle à celle du cheval.

A la fin du tournant, reprends ta position normale.

• TOURNER AVEC LES DEUX RÊNES DANS UNE MAIN

Pour tourner à droite avec les deux rênes dans une main, regarde vers la droite, pivote tes épaules dans ce sens et porte la main qui tient les deux rênes dans la direction où tu veux tourner. Les jambes entretiennent l'impulsion du cheval qui tourne dans ce cas avec un effet contraire.

À SAVOIR

Quel que soit l'effet de rêne utilisé, il ne faut surtout pas tirer vers l'arrière.

GALOP 4

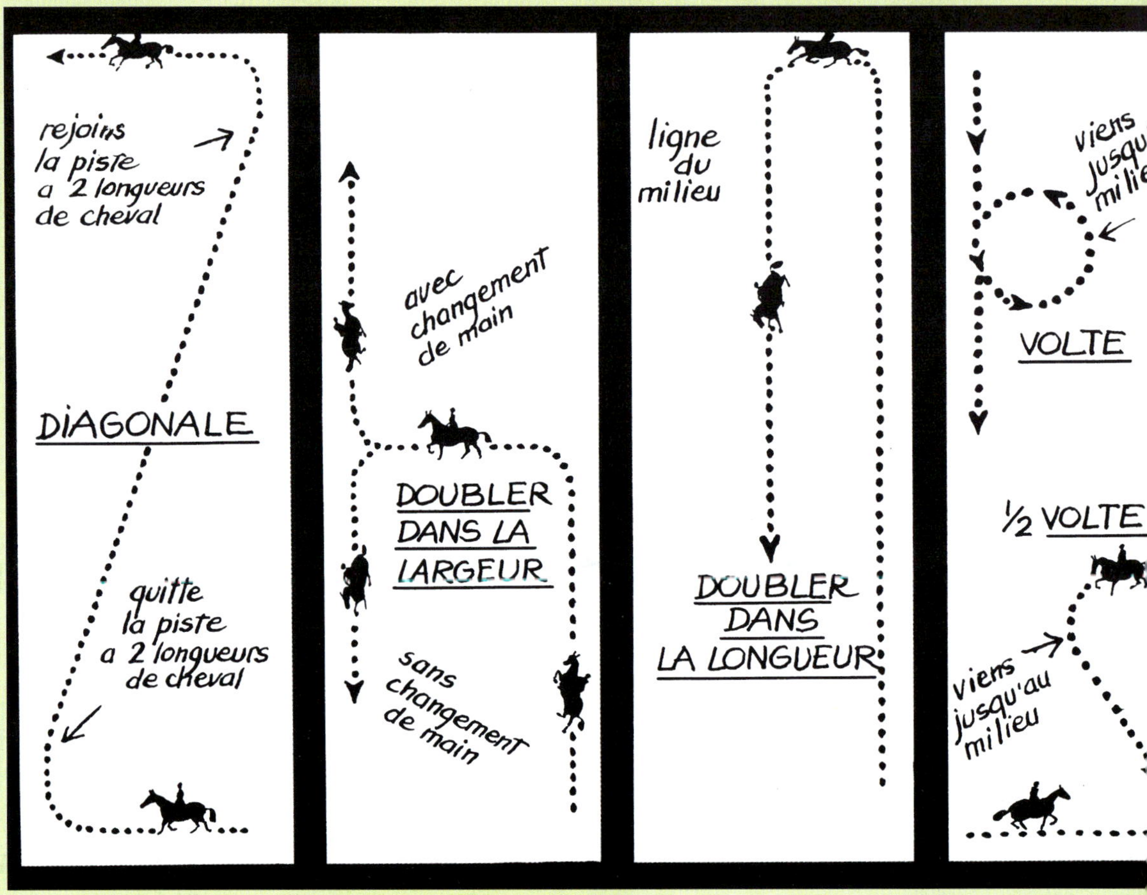

les phases du saut

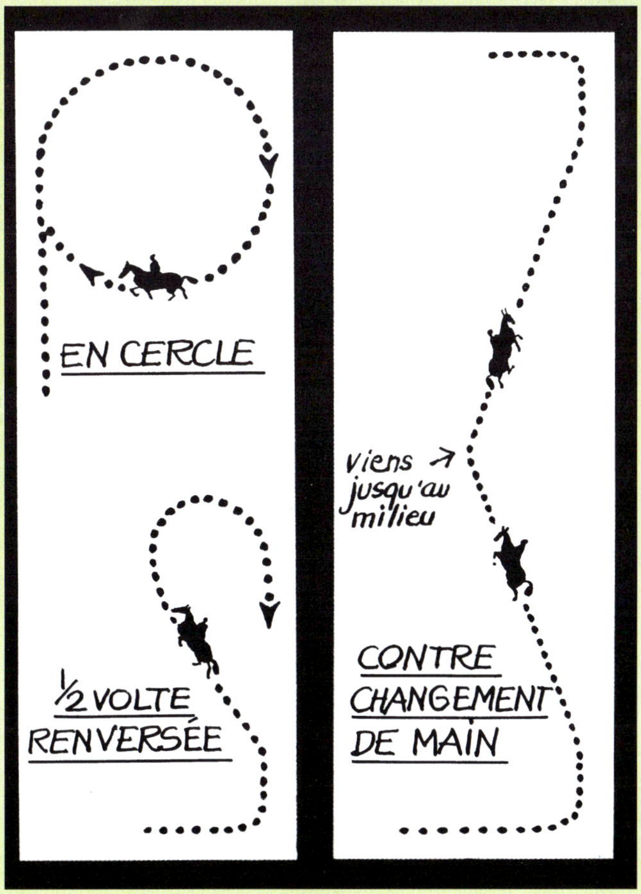

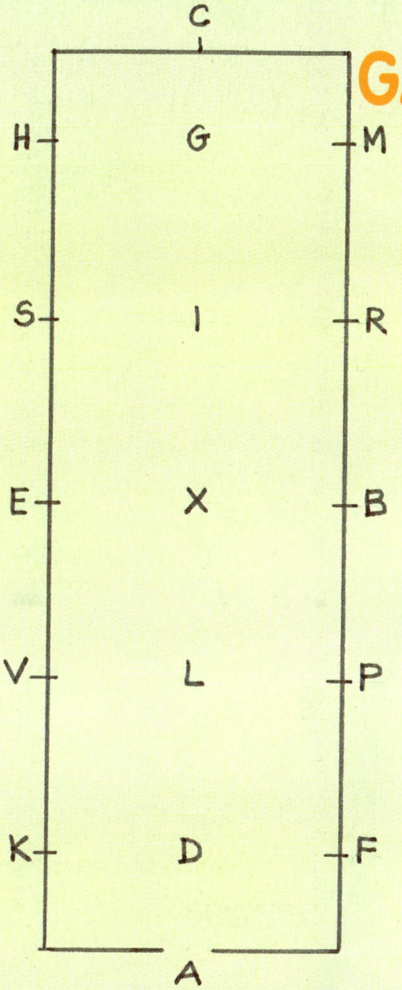

les lettres qui servent de repères

battue des postérieurs

battue des antérieurs

GALOP 4

ÉQUITATION

Le cavalier possédant une bonne connaissance : de l'entretien, des besoins, de la locomotion et du comportement de sa monture doit ÊTRE AUTONOME aux trois allures, en terrain varié et dans l'enchaînement des sauts.

LES FIGURES DE MANÈGE

Sur la piste, les cavaliers qui tournent vers la droite marchent piste "piste à main droite"; et inversement.
A la fin du doubler, il faut garder la même main, sauf indication contraire.
Les figures peuvent être exécutées :

- Individuellement : chacun pour soi.
- Successivement : les cavaliers de la reprise se suivent.

Les lettres placées tout autour du manège servent de repères pour exécuter des figures géométriques codifiées.
Les principales figures sont :

Nom de la figure	Description	Avec changement de main	Sans changement de main
Cercle	Grand cercle de diamètre variable: de 10 à 20 m. Le cavalier rejoint la piste à l'endroit précis où il l'a quittée.		✗
Volte	Cercle de 10 m de diamètre (moitié du manège) ou moins		✗
Demi-volte	Demi-cercle suivi d'une oblique qui rejoint la piste	✗	
Demi-volte renversée	Inverse de la demi-volte: oblique suivie d'un demi-cercle qui rejoint la piste.	✗	
Doubler dans la largeur	Ligne droite perpendiculaire au grand côté du manège.	au choix: avec ou sans changement de main	
Doubler dans la longueur	Ligne droite qui suit l'axe du manège. Peut être également exécuté sur la ligne du quart.	au choix: avec ou sans changement de main	
Changement de main par la diagonale	Oblique qui débute après le coin et rejoint la piste opposée avant l'autre coin.	✗	
Contre-changement de main	Ligne brisée qui débute et se termine comme une diagonale, mais sans changement de main.		✗
Huit de chiffre	Le centre du huit se situe au centre du manège (point X).		

RAPPELS

Sers toi des lettres du manège comme repère pour suivre le tracé géométrique des figures. Pense à entretenir l'impulsion pendant que le cheval exécute les figures, particulièrement les cercles où le cheval a tendance à ralentir.

AU PAS

CONTRÔLER LA VITESSE

Pour que le cheval conserve une vitesse régulière au pas sans ralentir, il est parfois nécessaire d'entretenir l'impulsion en agissant avec les jambes.

S'il cherche à trotter, les mains interviennent progressivement pour maintenir sa vitesse.

Au pas, les mains accompagnent en rythme le mouvement de l'encolure pour que le cheval conserve une vitesse régulière.

Le pas peut être plus ou moins allongé.

À SAVOIR

En agissant avec les jambes sans avoir au préalable ouvert les doigts, le cheval ne peut allonger le pas et se met à trottiner, ce qui est très désagréable.
Un bon allongement est signe de souplesse chez le cheval.

AU PAS

DÉPLACER LES HANCHES

Le long d'une route par exemple, il est parfois nécessaire de déplacer les hanches du cheval.

● DÉPLACEMENT DES HANCHES VERS LA GAUCHE PAR EXEMPLE

■ Recule la jambe droite et arrière de la sangle et agis avec cette jambe de façon discontinue, perpendiculairement à l'axe du cheval, et en accord avec le lever du postérieur droit.

■ Entretiens l'impulsion du cheval avec la jambe gauche qui reste à la sangle.

En déplaçant les hanches vers la gauche :
■ La jambe droite reculée se nomme : "jambe isolée".

■ La jambe gauche : "jambe d'impulsion".

Dans ce déplacement vers la gauche, le cheval engage son postérieur droit et le croise en avant du gauche. Ce dernier s'écarte légèrement à son tour.

À SAVOIR

Les deux mains conservent une tension égale. Ce n'est pas uniquement ton mollet, mais ta jambe complète qui doit reculer pour agir. Il est préférable de réussir quelques pas de déplacements bien faits à la sortie d'un tournant, que toute une longueur en désordre.

AU PAS

INVERSER ET ENCHAÎNER DES COURBES SERRÉES

Pour tourner correctement, le cheval assoupli doit être incurvé sur le cercle. Sur les courbes serrées, il est nécessaire de l'incurver avec des aides d'incurvation.

● LES AIDES D'INCURVATION (À DROITE PAR EXEMPLE)

Pour incurver le cheval à droite, il faut utiliser les aides habituelles du tourner : buste orienté vers la droite, main droite portée à droite et main gauche qui avance légèrement pour permettre à l'encolure de s'incurver.

■ La jambe droite (intérieure) reste à la sangle et entretient l'impulsion.

■ La jambe gauche (extérieure) recule légèrement et se place "en surveillance", pour empêcher les postérieurs de déraper.

■ En temps normal, le poids du corps est mis sur la fesse intérieure.

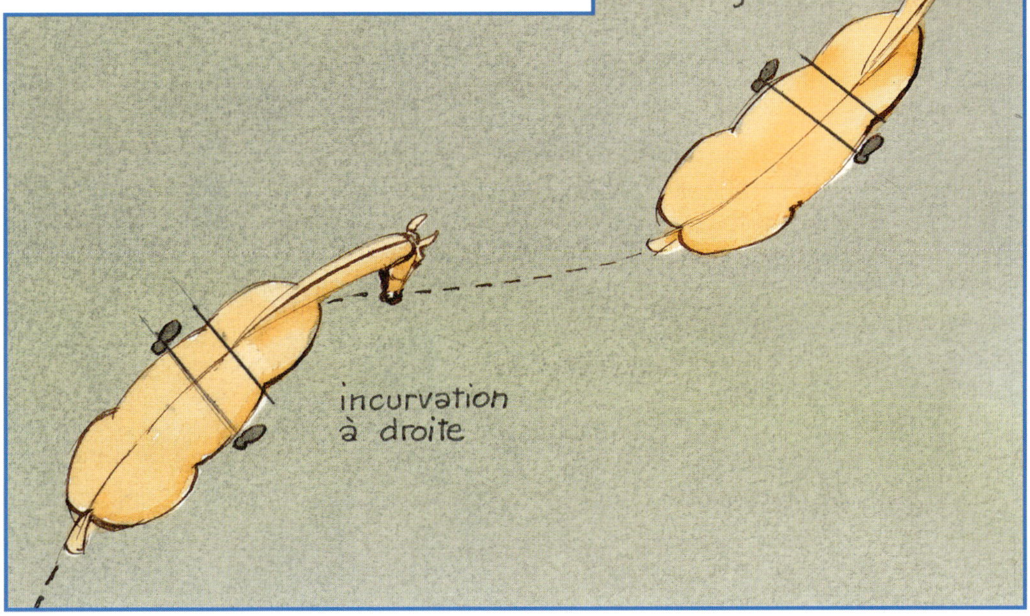

À SAVOIR

Il ne faut ps négliger le rôle de la main extérieure. C'est une rêne régulatrice qui limite l'inflexion de l'encolure et aide à maintenir les épaules sur la trajectoire que doit suivre le cheval. Jambes et mains se complètent pour incurver le cheval.

AU TROT

RECHERCHER SON ÉQUILIBRE ASSIS

Le trot rapide (trot allongé) est relativement inconfortable.
Plus le trot assis est rapide, plus le cavalier doit rejeter ses épaules en arrière pour que son rein puisse amortir les secousses du trot.

A éviter :

- Se pencher en avant ou arrondir ton dos, ce qui est très inconfortable.
- Être assis en arrière de la selle. Au contraire, il faut rester assis le plus en avant possible sur la selle.
- Au trot assis, ne t'appuie pas sur les étriers pour ne pas décoller de la selle. Tes jambes tombent naturellement sans remonter les genoux, et en conservant leur place à la sangle, talons bas.
- Eviter de bouger les mains en tirant sur la bouche du cheval car, dans ce cas, le cheval creuse son dos et son encolure et devient très inconfortable et difficile à contrôler.

CONTRÔLER LA VITESSE

Au sein d'une reprise, et même en extérieur, tous les cavaliers doivent accorder leur vitesse sur celle du cavalier de tête. Au trot, la vitesse du cheval dépend de son allant, mais aussi de sa conformation: au trot rapide, un sujet le petite taille peut prendre le galop, alors qu'un grand cheval est encore au trot.
En travail individuel, lorsque le cheval est calé dans son trot, le cavalier doit agir avec les jambes dès qu'il commence à ralentir. Au trot enlevé, l'action des jambes se fait au moment où le cavalier reprend le fond de sa selle. Pour ralentir, il faut agir avec les deux mains, sans laisser le cheval prendre appui sur le mors pour accélérer.
Un bon trot est régulier et cadencé, sans accélération ni ralentissement.

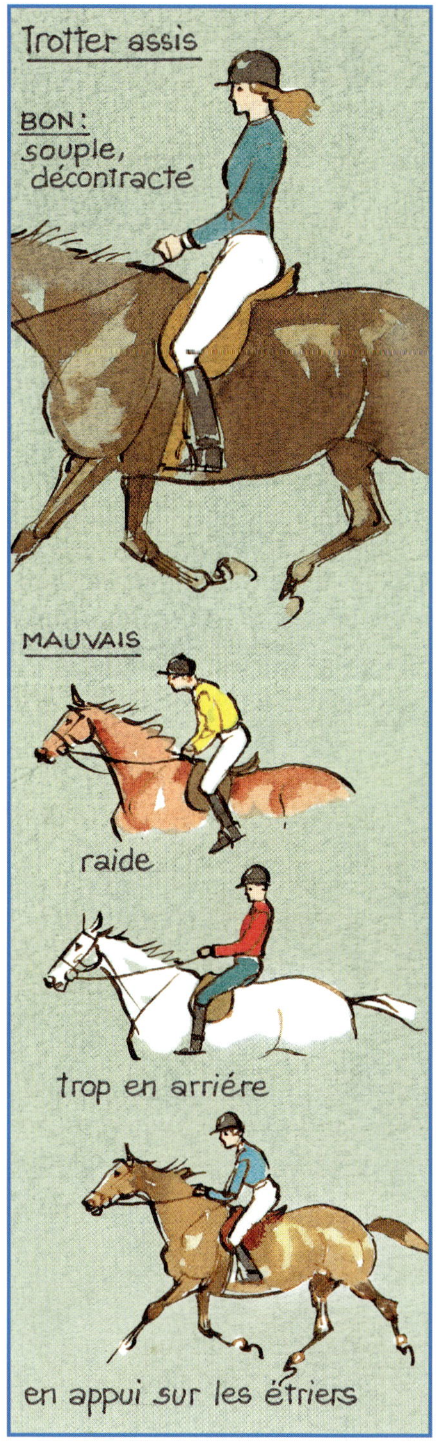

À SAVOIR

En progressant en dressage, le cheval s'assouplit et devient plus confortable au trot. Certains sujets cependant, sont plus confortables que d'autres.

AU TROT

RECHERCHER SON ÉQUILIBRE AU TROT ENLEVÉ LORS DES VARIATIONS DE VITESSE ET DES CHANGEMENTS DE DIRECTION

Le cavalier doit garder les jambes fixes au trot enlevé le buste légèrement incliné en avant, le dos plat, les deux rênes ajustées.

• VARIATION DE VITESSE

Au trot enlevé, le cavalier doit conserver son équilibre sans être rejeté sur le troussequin de la selle si le cheval accélère. Au contraire, le cavalier qui manque d'équilibre a tendance à se pencher excessivement en avant si le cheval ralentit brusquement.

Pour allonger le trot, il faut agir avec les deux jambes en même temps, au moment où tu te rasseois dans la selle. L'action des jambes doit être progressive afin que le cheval ne parte pas au galop.

Il est préférable d'allonger progressivement le trot sur une longueur ou une diagonale, à la sortie d'un tournant.

• CHANGEMENT DE DIRECTION

En principe, le cavalier trotte enlevé sur le diagonal extérieur comme c'est le cas en manège. Lors d'un changement de main, il faut changer de diagonal au moment où le cheval change de direction.

Pour changer de diagonal, il suffit de rester assis (ou en équilibre) pendant deux temps successifs.

Le fait de changer de diagonal à tendance à troubler l'équilibre du cheval pendant une ou deux foulées.

À SAVOIR

En principe, dans un manège les figures sont exécutées au trot assis. Le cavalier qui trotte enlevé sur la piste se met au trot assis pour exécuter la volte, et reprend le trot enlevé en retrouvant la piste.

AU TROT

INVERSER ET ENCHAÎNER DES COURBES LARGES

En manège, à l'extérieur ou lors de parcours, les changements de direction sont fréquents. Voici comment y préparer le cheval afin que le cavalier ne perturbe pas son équilibre naturel.

AU TROT ASSIS

En principe, les figures sont exécutées au trot assis. Dans le huit de chiffre par exemple, il faut inverser ses aides entre les deux cercles, au moment où le cheval doit inverser son incurvation. L'inversion d'aides doit se faire progressivement.

AU TROT ENLEVÉ

Sur la piste ou en exécutant des courbes, il faut trotter sur le diagonal extérieur : diagonal gauche (côté mur), si l'on trotte piste à main droite et inversement.
En inversant des courbes au trot enlevé, il faut changer de diagonal au moment du changement de direction, et incurver le cheval dans l'autre sens. Il est alors préparé à tourner en sens inverse.

À SAVOIR

La plupart des chevaux s'infléchissent mieux d'un côté que de l'autre.. Le tracé est plus précis dans ce sens.

AU GALOP

RAPPEL :

Le cavalier a le choix entre : galoper en équilibre sur les étriers ou galoper assis.

STABILISER SON ÉQUILIBRE SUR LES ÉTRIERS

Avec le jeu de son rein, le cavalier doit suivre le mouvement de bascule du cheval. Le buste du cavalier est légèrement incliné en avant, le dos plat. Ne pas regarder par terre, car cela arrondit le dos.

GALOPER ASSIS EN RYTHME

Au galop assis, le cavalier ne doit pas quitter le fond de la selle. Les mouvements de bascule du cheval doivent être amortis par la souplesse et la décontraction de son rein. Pour ne pas décoller de la selle, il faut garder le buste d'aplomb et le rein souple. Le bassin peut alors accompagner les mouvements du dos du cheval.

Pour conserver le rythme du galop, le cavalier doit:
• entretenir l'impulsion avec ses jambes chaque fois que c'est nécessaire,
• accompagner avec les bras le mouvement de l'encolure du cheval,
• accompagner avec le bassin, le mouvement de bascule du cheval.

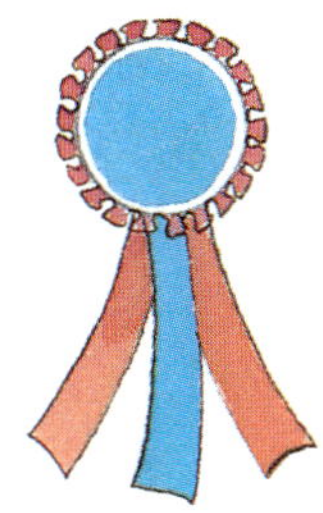

À SAVOIR

Pour avoir de l'aisance au galop assis, ne t'appuie pas sur les étriers. Il faut monter souvent et le fait de galoper sans étriers permet d'améliorer son assiette.

AU GALOP

PARTIR AU GALOP DU PAS SUR LE BON PIED

● RAPPEL :

Dans le galop à droite, l'antérieur et le postérieur droits (bipède latéral droit) prennent de l'avance sur les deux autres membres ; et inversement.

● DÉPART AU GALOP À PARTIR DU PAS

■ Avantage : au pas, le cheval garde son calme et se contrôle facilement. La mise en place des aides est facilitée par le confort de cette allure.
■ Difficulté : une bonne impulsion est indispensable.

● PRINCIPE

Donner au cheval l'orientation qui correspond au galop, avant de lui demander le départ.

● DISPOSER SES AIDES (GALOP À DROITE)

■ Par un effet contraire de la rêne droite, reporte le poids sur l'épaule gauche en soulageant de ce fait l'épaule droite.
■ Pèse davantage sur la fesse gauche, en basculant légèrement le bassin, sans te pencher en avant.
■ La jambe gauche est légèrement reculée (jambe de position). Elle pousse légèrement les hanches vers l'intérieur du manège. Son action, aidée de la jambe droite qui agit à la sangle (jambe d'impulsion), déclenche le galop à droite.
■ Dès que le cheval est au galop, remets tes aides à leur place normale.
Selon le niveau de dressage du cheval, il existe d'autres manières de partir au galop sur le pied choisi.

● PRÉCISION

Ces différentes actions s'enchaînent très rapidement, la préparation qui précède l'action est essentielle. Evite toute action désordonnée qui perturberait le cheval.

ÉQUITATION

À SAVOIR

Avec ton assiette, tu peux sentir si le cheval galope à faux (galop à droite en tournant à gauche, et inversement), repasse à l'allure inférieure avant de demander un nouveau départ au galop. De nombreux chevaux galopent plus volontiers sur un pied que sur l'autre.
Au galop, il faut éviter que le cheval se traverse excessivement.

AU GALOP

CONTRÔLER LA VITESSE

Au galop, il faut éviter que le cheval reporte son poids sur ses épaules, accélère, et échappe au contrôle du cavalier. Avant que le cheval ne “prenne la main”, mets-le sur un cercle pour en reprendre le contrôle.
A l’extérieur, si le cheval a tendance à accélérer, ne le laisse pas s’appuyer sur le mors, cède et reprends d’une main sur l’autre.
Les chevaux en groupe sont enclins à se dépasser pour faire la course.
Les laisser alignés l’un derrière l’autre aide à conserver la même vitesse.

CONDUIRE SUR DES COURBES LARGES

Pour tourner sur des courbes larges, sers toi d’un effet direct. Garde l’effet contraire pour les courbes serrées, ou lorsque tu tiens les rênes avec une seule main.

• PRÉPARATION

Le cheval doit galoper sur le bon pied pour conserver son équilibre dans les tournants : sur le pied droit pour tourner à droite et inversement. S’il n’est pas sur le bon pied, repasse au trot pendant une ou deux foulées, et fais-le partir sur le bon pied pour qu’il tourne dans de bonnes conditions.
Note qu’un cheval habile se met de lui-même sur le bon pied, à l’entrée du tournant.

• ARRONDIR LA COURBE

Le tracé de la courbe doit être arrondi, sans présenter de cassure. Tu dois orienter ton buste dans le sens de la courbe.
Lorsque tu tournes avec un effet direct, la main extérieure régulatrice limite l’inflexion de

À SAVOIR

Pour équilibrer le travail du cheval, il faut penser à le faire tourner aux deux mains. Lorsque le cheval galope sur le pied droit, tu peux sentir ton bassin accompagner en oblique le mouvement du galop d’arrière gauche vers l’avant droit, et inversement.

AU GALOP

l'encolure et aide à conserver les épaules du cheval sur la trajectoire de la courbe.

ENTRETENIR L'IMPULSION

En tournant, le cheval a tendance à ralentir. Tes jambes et les mouvements de ton rein doivent entretenir son impulsion.

SAUT

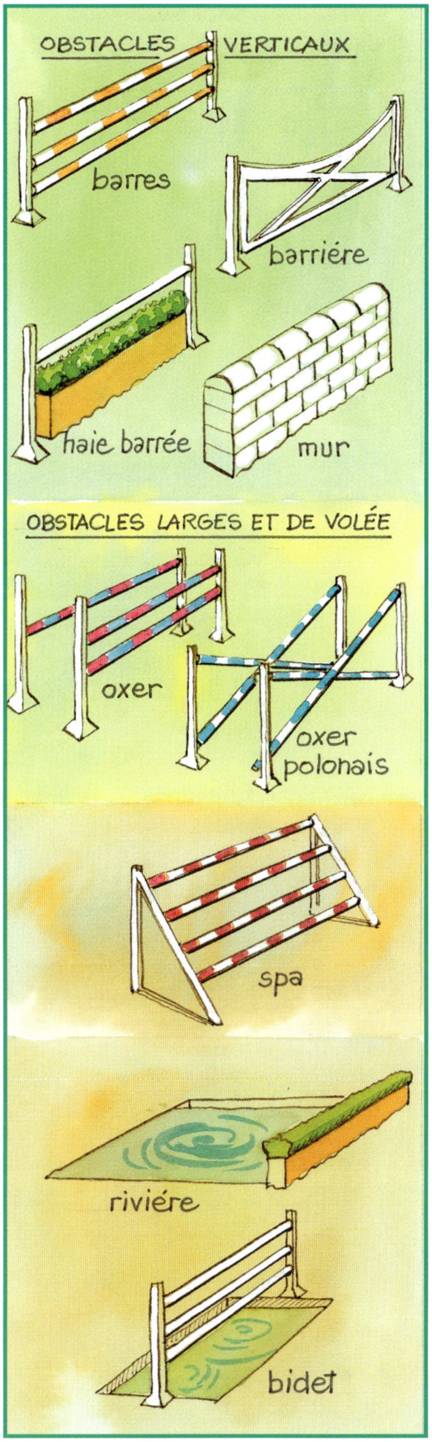

RECHERCHER SON ÉQUILIBRE SUR LES ÉTRIERS EN ENCHAÎNANT DES SAUTS ISOLÉS

Les obstacles mobiles ou fixes peuvent présenter trois profils différents :

- Les obstacles VERTICAUX appelés également “droits” dont les éléments sont disposés dans un même plan vertical. C’est le cas des obstacles constitués de barres, de la barrière, du mur, des palanques, de la haie etc.

- Les obstacles LARGES faits de plusieurs plans droits ou croisés franchis en un seul saut : oxer ou tronc large par exemple.

- Les obstacles DE VOLÉE sont faits de plans écartés sautés en un seul saut : barre de Spa par exemple.

- La rivière est un cas particulier, car elle ne présente aucune hauteur. Le cheval ne doit pas y pénétrer ni en toucher les bords.
Les obstacles symétriques, peuvent être franchis dans les deux sens.

• ÉQUILIBRE DU CAVALIER

A la réception de l’obstacle, tu dois te redresser en te rapprochant de la selle, sans cependant te rasseoir. Tu peux alors agir avec les mains pour garder le cheval en ligne droite pendant quelques mètres, avant d’amorcer la courbe suivante. Il faut en effet éviter qu’il tourne juste à la réception.
Sur la courbe qui rejoint l’obstacle suivant oriente ton regard et ton buste dans le sens du tracé.
Fais attention à ne pas gêner le cheval par des actions involontaires de mains ou en te rasseyant brutalement sur son dos.

À SAVOIR

Avant de sauter, il faut échauffer les muscles du cheval, mais aussi ceux du cavalier. Echauffe le cheval aux deux mains. Tu peux faire quelques exercices d’assouplissement en selle.
En concours, le cheval fait quelques sauts d’entraînement au paddock.

CONTRÔLER L'ALLURE ET LA VITESSE EN ENCHAÎNANT DES SAUTS ISOLÉS

ÉQUITATION

Dans les concours pour cavaliers confirmés, la vitesse est imposée en fonction du niveau de l'épreuve. Dans le but de "viser le sans faute", il est inutile d'aller vite. Le cheval doit être calme, équilibré et dans l'impulsion pour sauter correctement.

• LA RECONNAISSANCE DU PARCOURS

Avant de sauter, il faut suivre à pied le parcours, pour observer les obstacles mais également pour repérer le tracé qui permet de les aborder dans de bonnes conditions : sur le bon pied, perpendiculairement et au milieu.

• LES CHANGEMENTS DE DIRECTION

Le cheval au galop, doit changer de pied au moment où il change de direction, pour conserver son équilibre. Un cheval souple change tout seul de pied. Dans le cas contraire, remets-le au trot pendant quelques foulées à l'endroit où la direction est inversée, pour qu'il effectue le changement de pied.

• VITESSE PENDANT LE PARCOURS

Entre les obstacles, le cheval doit conserver sensiblement la même vitesse. Les jambes entretiennent l'impulsion et les mains la canalisent. En aucun cas, le cheval ne doit se "mettre sur les épaules" en accélérant contre le gré du cavalier.

À SAVOIR

Tu apprendras beaucoup en observant les chevaux qui sautent dans un parcours de saut d'obstacles.
La plupart du temps, un cheval qui refuse, dérobe ou fait tomber une barre, n'a pas abordé correctement l'obstacle ou a été gêné pendant le saut.

SAUT

CONDUIRE EN ENCHAÎNANT DES SAUTS ISOLÉS

Pour enchaîner un parcours dans de bonnes conditions, il faut contrôler la direction sur les courbes qui rejoignent les obstacles.
L'obstacle devant être abordé perpendiculairement et au milieu, les courbes doivent être précédées et suivies d'une petite portion de ligne droite.
Dans la phase d'abord le cheval doit être droit, canalisé par les aides : mains et jambes pour éviter qu'il hésite en zigzaguant.
Après quelques mètres en ligne droite qui suivent la réception, le cheval est incurvé et tourne avec un effet direct, le cavalier regardant dans la direction où il se dirige.
La courbe doit être bien arrondie, sans présenter de cassure.
Le tracé a été choisi pendant la reconnaissance, en fonction des obstacles et de la qualité du sol.
Après chaque saut, tu dois t'efforcer de remettre le cheval en ordre, pour aborder l'obstacle suivant en respectant le tracé : équilibre, vitesse, impulsion, direction.

À SAVOIR

Dans un barrage de C.S.O. où le cavalier est jugé sur la vitesse, les obstacles sont parfois abordés de biais pour gagner du temps.
Ceci présente un risque de dérobade ou de faute.

TERRAIN VARIÉ

RECHERCHER SON ÉQUILIBRE SUR LES ÉTRIERS EN TERRAIN VARIÉ

En terrain varié, le cheval est amené à sauter des obstacles naturels (tronc, haie), mais également à franchir des dénivelées et des difficultés naturelles. Pour sauter, le cavalier se met en équilibre, mais reste très près de la selle par mesure de sécurité, car les obstacles sont fixes.

● ÉQUILIBRE EN MONTÉES

Dans les montées, le cheval a besoin de pousser fortement avec ses postérieurs. Il faut donc libérer son rein. Reste au pas, mets-toi en équilibre au dessus des étriers, le buste vertical. Si la pente est forte, saisis éventuellement une poignée de crins pour maintenir ton équilibre.

● LES DESCENTES

Dans une descente, le buste reste vertical, les pieds en appui sur les étriers.
Tu peux prendre appui avec tes mains au niveau du garrot.

● LE TALUS ABRUPT

■ Dans le sens de la montée le cheval a besoin d'une certaine vitesse. Mets-toi en équilibre, comme pour le début d'un saut. Ne gêne pas le cheval, car il a besoin de poser ses antérieurs suffisamment en avant pour que les postérieurs trouvent une place au sommet du talus.

■ Dans le sens de la descente, aborde l'obstacle lentement en appui sur les étriers.
Reste assis, le buste vertical. Il faut libérer l'encolure, en tenant les rênes très longues.

● LE FOSSÉ

Peu large, il est sauté de plein pied : position en équilibre mais en restant très près de la selle, car la réception n'est pas toujours bonne.

À SAVOIR

En terrain varié, il faut tenir compte de la nature du sol pour franchir les obstacles.
Dans un terrain boueux ou glissant, il est préférable de mettre des crampons au cheval.

TERRAIN VARIÉ

Pour éviter d'être surpris par le saut et rester raccroché aux rênes, tu peux tenir la crinière.

LES ÉPREUVES DE T.R.E.C.

Une des épreuves de T.R.E.C. (Techniques de Randonnée Équestre de Compétition) est le P.T.V. (Parcours en Terrain Varié).

Les difficultés naturelles que le cavalier doit franchir, demandent au cheval soumission, hardiesse, équilibre et sûreté de pied.
Le cavalier doit faire preuve d'à propos, d'équilibre et d'expérience en terrain varié.
C'est la qualité du franchissement qui est jugée, la vitesse comptant moins.
Certaines fortes montées ou descentes sont faites à pied. Le cheval doit alors toujours garder sa place derrière le cavalier.

À SAVOIR

Dans une épreuve de P.T.V., ce cavalier perd des points car il n'a pas remonté ses étriers.

GALOP 4

TERRAIN VARIÉ

ÉQUITATION

CONTRÔLER L'ALLURE ET LA VITESSE EN TERRAIN VARIÉ

A l'extérieur, le cheval a souvent tendance à accélérer contre le gré du cavalier, particulièrement au galop et dans le sens du retour à l'écurie.

Voici les principales précautions à prendre :

- Dans les descentes, il est préférable de rester au pas.
- Dans les fortes montées, reste au pas et laisse souffler ton cheval en haut ou à mi-pente.
- Ne galope pas sur des terrains glissants, inégaux, gelés ou boueux.
- Au trot, pense à changer de diagonal de temps en temps (tous les 500 m environ).
- Au retour vers l'écurie, reste au pas pour rentrer ton cheval sec et calme.
- Ne galope jamais sans visibilité, car le cheval au galop ne peut pas s'arrêter instantanément.

À SAVOIR

Dans un parcours de cross, la vitesse est imposée. Le cavalier dispose alors d'un chronomètre et se cale sur des repères kilométriques. Dans un parcours de P.T.V. la vitesse moyenne est imposée et correspond à un trot soutenu.

TERRAIN VARIÉ

CONDUIRE EN TERRAIN VARIÉ

En terrain varié, le cavalier tourne rarement serré.

Pour conserver son équilibre, le cheval a besoin d'une grande liberté d'encolure. Les rênes, maintenues longues, peuvent être tenues dans une seule main.

Lorsque le terrain présente des difficultés, il est souvent préférable de laisser le choix du passage au cheval habitué à l'extérieur.

Aux allures rapides, ralentis avant de tourner pour que le cheval ne soit pas surpris.

Il est indispensable de tourner sur le bon pied, quitte à te remettre au trot pendant quelques foulées pour changer de pied avant le tournant. Les tournants, généralement larges, se font en effet direct.

Tu peux tenir les rênes en faisant "un pont" pour pouvoir prendre appui contre l'encolure en cas de besoin.

À SAVOIR

A la croisée des chemins, ne coupe pas le tournant, car tu manques de visibilité. En conservant les rênes longues au pas, tu laisses au cheval le loisir d'observer tout ce qui l'entoure.

POSER DES PROTECTIONS DE TRAVAIL (guêtres, protège-boulets, cloches, bandes de polo)

Les protections de travail servent à protéger les extrémités des membres des chocs et des atteintes.
Voici comment les poser :

LES CLOCHES

Elles sont posées en premier, généralement aux membres antérieurs. Elles protègent la couronne et les glômes. Il faut retourner la cloche pour la mettre en place. Les modèles ouvrables se posent plus facilement.

LES GUÊTRES

Elles protègent l'avant et l'intérieur des membres, ainsi que les tendons.
Les boucles sont disposées sur la face latérale externe du membre, les languettes dirigées vers l'arrière.

- Commencer par boucler la languette du milieu.
- Fermer ensuite les autres languettes sans les serrer.

LES PROTÈGE-BOULETS

Réservés aux postérieurs, ils protègent les boulets des atteintes.
Tout comme pour les guêtres, la languette ou la fixation en velcro doit prendre place sur le côté externe, les languettes dirigées vers l'arrière, sans serrer le membre.

LES BANDES DE POLO

Ces bandes épaisses protègent le tour des membres antérieurs ou postérieurs mais ne doivent pas gêner le mouvement des articulations.
Le premier tour de bande est fait au tiers supérieur du canon.
En donnant une tension régulière à la bande,

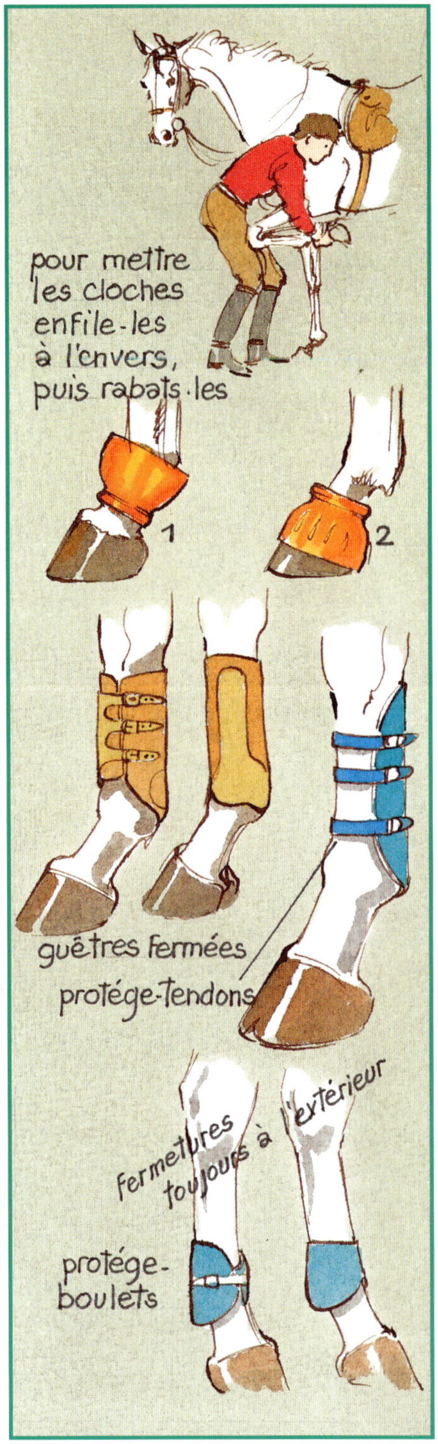

PRÉCAUTIONS

Les protections sont surtout nécessaires à l'obstacle.
On en pose également au jeune cheval qui peut se blesser par maladresse.
Les protections doivent être propres avant d'être posées sur un membre également propre.

POSER DES PROTECTIONS DE TRAVAIL (guêtres, protège-boulets, cloches, bandes de polo)

redescends ensuite régulièrement jusqu'au boulet. Remonte jusque en haut du membre, et redescends quelques tours avant de fermer le velcro sur la face externe.

Chaque tour de bande recouvre environ les trois quarts du tour précédent.

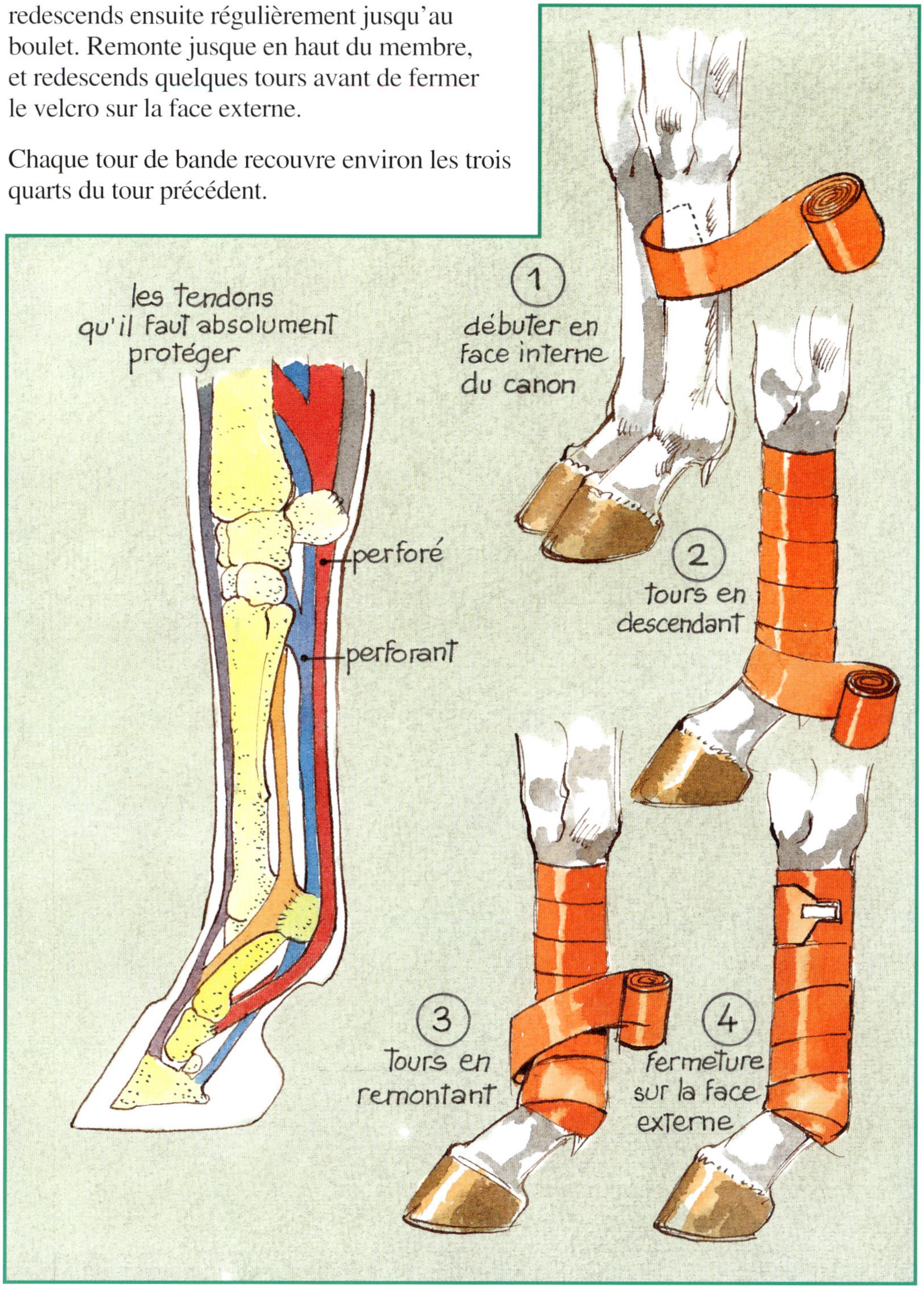

GALOP 4

SOINS

POSER DES PROTECTIONS DE TRANSPORT

Pendant le transport, le cheval n'est pas à l'abri des chocs. L'embarquement et le débarquement comportent également des risques. Il faut donc préserver les parties vulnérables du corps avec des protections de transport.

- Une couverture ou une chemise met le cheval à l'abri du froid et des courants d'air.
- Un protège-nuque est fixé sur la têtière du licol.
- Le protège-queue ou une bande serrée sur la partie rigide de la queue, assure une protection efficace. Il est maintenu par un surfaix ou une sangle placée autour de l'encolure.
- D'épaisses guêtres de transport ou des bandes de repos, protègent les canons.

Les protections hautes assurent une meilleure efficacité.

- Des genouillères mettent les genoux à l'abri des chocs ou d'éventuelles chutes.
- Des cloches protègent les couronnes et les glômes.

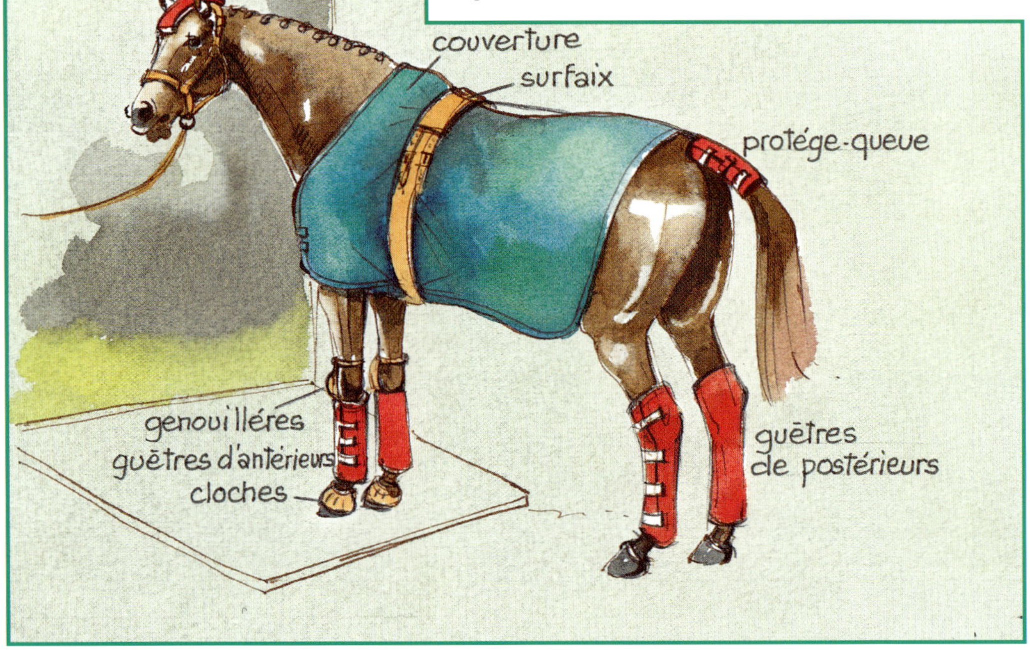

PRÉCAUTIONS

Il ne faut pas attendre le jour du transport pour habituer le cheval à monter calmement dans un van.
Des chevaux qui ont tendance à se mordre doivent être séparés par des grilles.

NOTIONS SUR L'ALIMENTATION

Les paragraphes suivants s'ajoutent à ceux des galops précédents. A l'état naturel, le cheval pâture (brouter de l'herbe) environ la moitié de la journée et de la nuit. S'il travaille régulièrement, son alimentation se compose généralement des éléments suivants :

LES ALIMENTS CONCENTRÉS

Ils peuvent se présenter sous deux formes :

■ Les grains (céréales) distribués soit entiers, soit aplatis, concassés ou encore trempés.
Les plus utilisés sont :
- L'avoine : grains noirs ou blancs aux extrémités pointues.
- L'orge : grains plus arrondis, jaunes et plus durs que l'avoine.
- Le maïs : gros grains jaunes et durs qui doivent être concassés.

■ Les aliments industriels se présentent sous forme de granulés, bouchons ou flocons.
Ils contiennent des céréales et différentes plantes. On parle parfois d'aliments complets ou complémentaires du fourrage.

LES FOURRAGES

■ Le foin est de l'herbe coupée, séchée et pressée en ballots. Il y a le foin de prairie naturelle et le foin de prairie artificielle (luzerne, trèfle, ray-grass).

■ La paille constitue la litière, mais le cheval en mange une partie. Elle est peu nourrissante.

D'AUTRES ALIMENTS

Ils complètent la ration ou récompensent le cheval : friandises, pain, fruits, betteraves, carottes, mélasse, résidus de sucrerie, tourteaux, résidus d'huilerie...

L'EAU

L'EAU est donnée à volonté. Le cheval en consomme par petites quantités lorsqu'elle est en permanence à sa disposition. Il en boit de 20 à 40 litres par jour, voire plus.

CONNAISSANCES

À SAVOIR

L'eau doit être claire et sans odeur, sinon le cheval peut refuser de la boire.
S'il a très soif, après un entrainement intensif par exemple, il ne faut pas le laisser boire trop d'eau froide d'une seule traite.

NOTIONS SUR L'ALIMENTATION

VITAMINES ET MINÉRAUX

En période de croissance, de travail intensif, ou si une jument allaite, des compléments de vitamines et de minéraux peuvent être ajoutés à la ration, à condition de suivre les doses prescrites.

COMMENT DÉTERMINER LA RATION JOURNALIÈRE

Les besoins énergétiques journaliers du cheval, sont déterminés à partir de son poids et du travail qu'il fournit. La ration doit être réduite, lorsque le cheval est au repos (ration d'entretien) et augmentée en fonction de son travail (ration de travail).

Un cheval de taille moyenne au repos a besoin par jour d'une ration d'entretien d'environ 4 kg d'aliment concentré, 4 kg de foin et de la paille pour sa litière.

COMMENT DISTRIBUER LES ALIMENTS

Il est nécessaire de fractionner (diviser) la ration journalière en trois repas au minimum, voire plus, car le volume de l'estomac est relativement faible (environ 15 litres). Les aliments sont distribués dans l'ordre suivant : l'eau d'abord, puis le foin et les aliments riches ensuite. Le repas le plus important est donné le soir car le cheval a toute la nuit pour le consommer et le digérer. S'il y a un abreuvoir automatique, le cheval peut boire à volonté.

ÉQUIVALENCES :

- **1 kg d'avoine équivaut à 2 litres**
- **1 kg d'orge équivaut à 1,6 litres.**
- **1 kg d'aliment industriel équivaut à 1,5 litres.**

À SAVOIR

Précaution : nourrir les chevaux à heures fixes et tous en même temps pour éviter qu'ils s'excitent.
Laisser au minimum une heure de repos après le repas.
Ecarter les aliments douteux car le cheval ne peut pas vomir et ses problèmes digestifs peuvent être graves (coliques).

NOTIONS DE SOINS QUOTIDIENS

En plus de ses repas journaliers, il faut prodiguer au cheval des soins quotidiens qui préservent sa santé et sa bonne forme physique.

LE PANSAGE

Un pansage quotidien est nécessaire le matin et au retour du travail, une fois le cheval sec. Consulte le chapitre pansage au galop 2. Les soins avant et après le travail figurent au galop 3. Profite du pansage pour inspecter le cheval et déceler d'éventuelles blessures.
En curant ses pieds, vérifie la bonne tenue de ses fers et regarde s'il n'a pas d'atteintes.

DOUCHER

Le jet d'eau prolongé masse les tendons des membres. Sèche ensuite les plis des paturons pour éviter la formation de gerçures.
Lorsque le temps le permet, le cheval peut être douché complètement. Son poil est ensuite essoré avec un couteau de chaleur, puis le cheval est mis dans un endroit abrité du vent.

PROTÉGER LE CHEVAL

En hiver, en dehors du travail, le cheval tondu doit être protégé par une couverture d'écurie pour remplacer l'absence de poils.

VÉRIFICATIONS QUOTIDIENNES

- Le cheval doit avoir constamment de l'eau à sa disposition.

- S'il ne termine pas sa ration, préviens le moniteur.

- Un cheval en bonne santé a le poil sec, les oreilles froides, il est calme et respire normalement.

- Ses tendons sont secs (pas enflés), ses sabots sont froids et le cheval repose normalement sur ses pieds.

- Ses crottins sont «bien moulés»(pas trop mous) et ses urines sont jaune clair.

- Il marche souplement sans présenter de boiterie.

CONNAISSANCES

À SAVOIR

Le cheval a besoin d'un exercice quotidien, même pendant son jour de repos ou après un effort important : promenade, longe ou mise en liberté dans un parc.

GALOP 4

COMPORTEMENT DE SA MONTURE À L'ÉCURIE, AU TRAVAIL ET À L'EXTÉRIEUR

CONNAISSANCES

LA VIE EN LIBERTÉ

A l'état naturel, le cheval vit en troupeau où règne une hiérarchie animée par l'instinct "grégaire" (instinct de groupe). L'étalon dominant protège le troupeau. On comprend donc que le cheval puisse manifester des signes d'inquiétude lorsqu'il reste seul.

CRAINTIF DE NATURE

Le cheval est un herbivore. Jadis, il fut la proie des grands prédateurs (carnassiers) et a survécu grace à la rapidité de sa fuite. Aujourd'hui, domestiqué, il reste craintif et cherche à détaler lorsque surpris, il se croit agressé. Il est rarement méchant, mais peut décocher des ruades pour se défendre.
Il faut donc éviter de le surprendre.

MANŒUVRE D'INTIMIDATION

Un cheval apparemment docile peut se montrer agressif envers d'autres chevaux. Généralement, il prévient en couchant les oreilles, fait mine de mordre et hennit d'une façon particulière. La véritable querelle ne commence que si l'adversaire lui tient tête.

COPAINS DE PATÛRE

Dans une écurie, certains chevaux s'entendent mieux que d'autres. En pâture les chevaux se placent parfois tête bêche pour se mordiller l'encolure ou se chasser mutuellement les insectes.

COMPORTEMENT A L'ÉCURIE

C'est souvent lors de la distribution de nourriture que les chevaux se querellent et cherchent à bousculer la personne qui les nourrit. Méfie-toi, même lorsque tu distribues des friandises.

À SAVOIR

Certains chevaux ont un caractère dominant et cherchent à s'imposer aux autres,. ce qui ne les empêche pas de se montrer affectueux avec les gens. Observe les chevaux en groupe, en pâture, tu pourras juger leur caractère.

COMPORTEMENT DE SA MONTURE À L'ÉCURIE, AU TRAVAIL ET À L'EXTÉRIEUR

Referme toujours les portes des boxes pour éviter que le cheval ne s'échappe, certains arrivent même à ouvrir le verrou avec leurs lèvres.
En box, le cheval a tendance à s'ennuyer et occupe son ennui à grignoter la paille de sa litière.

COMPORTEMENT AU TRAVAIL

Le cheval est un animal sensible qui dispose d'une grande mémoire, mais ne peut rester attentif longtemps. Dès le début du travail, il juge son cavalier et peut chercher à profiter de son manque d'assurance.
Au travail, il faut lui donner :
■ La notion de bien, en le récompensant chaque fois qu'il donne satisfaction.
■ La notion de mal en le grondant dans le cas contraire.
Le cheval peut chercher à désobéir en quittant la piste, en refusant un obstacle, en ralentissant contre le gré du cavalier ou au contraire, en "prenant la main" à toute allure. Il faut éviter qu'en désobéissant il "trouve une défense" dont il se servira ensuite pour mettre en échec l'autorité de son cavalier .

COMPORTEMENT A L'EXTÉRIEUR

A l'extérieur, le cheval est souvent plus vif que dans le club. Il réagit par rapport à ce qui l'entoure. Il peut faire des écarts par crainte d'un élément qui l'inquiète, ou rechigner à passer à un endroit ou devant un objet qu'il ne connaît pas. Aux allures vives, il peut être tenté de faire la course avec les autres, en "prenant la main" de son cavalier ; surtout sur le chemin qui le ramène à l'écurie. Ne le laisse pas manger de l'herbe en route, car il chercherait ensuite à s'arrêter constamment.

À SAVOIR

L'odorat du cheval est très développé : c'est en reniflant un autre cheval qu'il tente de le reconnaître.
Le cheval renifle également un objet inquiétant (un obstacle par exemple) pour s'assurer qu'il ne lui est pas hostile.

GALOP 4

COMPORTEMENT DE SA MONTURE À L'ÉCURIE, AU TRAVAIL ET À L'EXTÉRIEUR

CONNAISSANCES

Observe ses attitudes :

IL PARLE AVEC SES OREILLES

- Oreilles mobiles : il est attentif et confiant.

- Oreilles droites et dirigées vers l'avant : il cherche à identifier un objet qui l'intrigue en étendant son encolure vers lui.

- Une oreille fixe et l'autre mobile : le poney ne comprend pas quelque chose.

- Oreilles légèrement tournées vers l'arrière : il est agacé. C'est sa façon de faire la grimace.

- Oreilles complètement couchées : il est franchement en colère. Il couche ses oreilles en s'apprêtant à se battre pour éviter que son adversaire puisse le mordre.

À SAVOIR

On se sert de la gourmandise du cheval pour le dresser. Il a beaucoup de mémoire mais de nombreuses répétitions sont nécessaires pour confirmer son dressage. Les erreurs de dressage sont toujours longues à rattraper. IL faut toujours utiliser les mêmes ordres pour obtenir les mêmes résultats.

TENTATIVES DE MORSURES

Lorsque tu le chatouilles, ou pour éloigner un autre cheval qui s'approche de son auge par exemple, une attitude d'intimidation consiste à coucher les oreilles, allonger l'encolure et découvrir ses dents. Les chevaux entiers (non castrés) essaient souvent de mordre.

MOUVEMENTS DE LA QUEUE

Le cheval peut fouailler de la queue pour se débarrasser des mouches ou par agacement. La queue plaquée entre les fesses est signe de crainte ou d'un coup de pied imminent.

MOUVEMENTS DES MEMBRES

Le cheval peut gratter le sol ou piaffer avec un antérieur en signe d'impatience.
Il frappe le sol pour se débarrasser des insectes et peut faire mine de botter pour intimider le cavalier ou un autre cheval.

COMPORTEMENT DE SA MONTURE À L'ÉCURIE, AU TRAVAIL ET À L'EXTÉRIEUR

ATTITUDE GÉNÉRALE

En signe de défense, le cheval peut se cabrer ou faire des sauts de mouton pour manifester sa gaieté ou encore pour essayer de se débarrasser de son cavalier.

COMPRENDRE LE CHEVAL

Ce qu'il aime	Ce qu'il n'aime pas
Les récompenses : friandises, caresses, être flatté.	Les gestes brusques et les cris.
Que tu lui parles d'une voix calme.	Les tiraillements dans sa bouche.
Retourner au box ou en pâture après le travail.	Les chocs sur son dos dus à un manque de souplesse de son cavalier.
Le frottement de l'étrille et de la brosse.	Se faire toucher les oreilles.
Rester à côté d'un cheval avec qui il s'entend bien.	Rester seul lorsque les autres s'en vont.
	Ne pas manger lorsque les autres ont leur ration.
	Être agacé par les insectes.
	Être dérangé lorsqu'il mange.

RÈGLES DE SECURITÉ EN AIRE DE TRAVAIL ET À L'EXTÉRIEUR

À PIED DANS LE CLUB

Il ne faut pas surprendre le cheval en l'abordant.

■ En sortant ou en entrant dans un box, ouvre la porte en grand et précède le cheval pour ne pas te faire coincer.

■ Ne te laisse pas marcher sur les pieds.

■ Ne chahute pas à proximité du cheval, car il a besoin de calme.

■ Laisse-le tranquille pendant qu'il mange.

■ Signale au moniteur tout ce qui te semble anormal.

À CHEVAL

■ Avant de monter un cheval sellé, vérifie ton équipement et le sanglage.

■ Les chevaux ne doivent pas être arrêtés de façon trop rapprochée.

Pour éviter les coups de pieds, ils sont rangés l'un à côté de l'autre sur la piste ou la ligne du milieu.

■ Tant que tous les cavaliers de la reprise ne sont pas à cheval, reste arrêté ou au pas.

■ Ne lâche pas ton cheval, car il peut aller importuner les autres.

■ En reprise, conserve environ la longueur d'un cheval avec celui qui te précède, cela évitera les coups et les querelles.

■ Avant de dépasser un autre cavalier, demande-lui l'autorisation et prends une piste intérieure.

■ Lorsqu'à allure égale, tu croises un autre cavalier, celui de vous deux qui marche à main droite a la priorité, mais le cavalier qui est à l'allure la plus rapide est prioritaire.

L'autre prend alors une piste intérieure.

À SAVOIR

Dans ton club, les chevaux ont leurs habitudes qu'il faut apprendre à connaître et à respecter. Suis les conseils de ton moniteur car il connaît bien sa cavalerie. Certains chevaux ne s'entendent pas; il faut éviter de les mettre en contact.

RÈGLES DE SECURITÉ EN AIRE DE TRAVAIL ET À L'EXTÉRIEUR

À L'EXTÉRIEUR

■ Ne lâche pas ton cheval et ne mets pas pied à terre sans autorisation.

■ Garde ta place, conserve l'allure indiquée et ta distance de sécurité avec les autres. Aux allures rapides, laisse un espace d'une longueur de deux chevaux entre deux cavaliers.

■ Préviens l'accompagnateur en cas de problème et transmets aux autres cavaliers les consignes qui te sont données.

■ Ne laisse pas le cheval brouter ou boire n'importe où, pour ne pas risquer une intoxication.

■ Ne galope pas sans visibilité, ni sur un sol dur (route) ou profond (boue).

■ Le code de la routc, assimile le cheval monté à un véhicule. Comporte toi comme si tu étais à bicyclette : marche à droite de la chaussée (pas sur le trottoir), respecte les priorités, les feux et signalisations, etc.

■ La traversée d'une route se fait tous ensemble, après que les cavaliers se soient alignés sur le bas-côté.

■ Il faut respecter les propriétés privées, les cultures, les sous-bois, et ne pas laisser le cheval ronger l'écorce des arbres.

■ Montre-toi courtois envers les piétons. Préviens-les pour que le cheval ne les effraie pas et croise-les au pas.

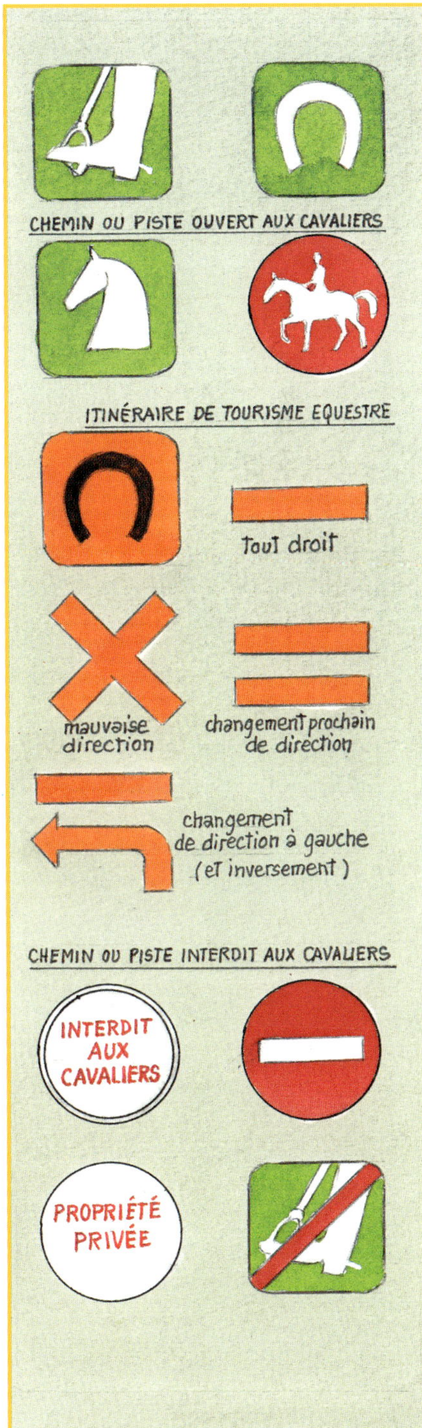

À SAVOIR

Un cheval apparemment calme, peut se montrer agressif envers les autres à l'extérieur de son box. C'est souvent pendant la distribution de nourriture que les chevaux sont agressifs.

ACCORD DES AIDES

CONNAISSANCES

Afin que le cheval exécute correctement le mouvement désiré, le cavalier utilise plusieurs aides qui doivent se conjuguer : c'est l'accord des aides.
Surtout, ne lui donne pas d'ordres contradictoires ou incompréhensibles : demander par exemple d'avancer en agissant avec les jambes, alors que les mains l'empêchent de se porter en avant.
En effet, pour pouvoir être guidé correctement avec les mains, le cheval doit d'abord se porter en avant grâce à l'action des jambes : mains et jambes s'accordent.

À SAVOIR

Lorsque le cavalier agit avec les jambes, le cheval se porte en avant et allonge l'encolure.
Il tend ses rênes et établit le contact avec les mains qui peuvent alors le guider sans contrainte.

MÉCANISMES DU GALOP À GAUCHE ET DU GALOP À DROITE

● **RAPPEL :**

Le galop est une allure :

■ Dissymétrique : le mouvement d'un membre n'est pas répété de la même manière par le même membre situé de l'autre côté.

■ Sautée : car à un moment ses membres n'ont plus aucun contact avec le sol.

■ Basculée.

■ À trois temps inégaux, suivis d'une phase de projection où aucun membre n'est en contact avec le sol.

En observant les antérieurs d'un cheval qui galope, tu peux remarquer qu'un bipède latéral prend de l'avance sur l'autre.

Au galop, le cheval qui tourne à droite (piste à main droite dans un manège), galope normalement «sur le pied droit» et inversement. On dit alors qu'il "galope juste". S'il galope à droite tout en tournant à gauche, on dit qu'il "galope à faux".

Consulte le mécanisme du galop, pages 90 et 91 du Galop 3.

À SAVOIR

En galopant, le cheval a tendance à se «traverser»: hanches légèrement rentrées vers l'intérieur de la courbe.
Avec l'expérience, tu apprendras à avoir un cheval droit et à obtenir des départs au galop sur le pied choisi dès la première foulée.

TESTE TES CONNAISSANCES

Coche ce qui te semble juste, ou réponds aux questions posées. Ensuite, vérifie tes réponses à la fin de l'ouvrage.

1

1 Pour s'équilibrer sur les étriers le cavalier doit :
❏ se pencher en arrière ❏ incliner légèrement le buste en avant
❏ avancer les jambes

2 Relève les trois défauts principaux de ce cavalier

1 ......

2 ......

3 ......

3 Note les noms des robes de ces 3 chevaux

1 ......

2 ......

3 ......

4 Note dans ce tableau les noms des instruments de pansage

1	2	3 ......
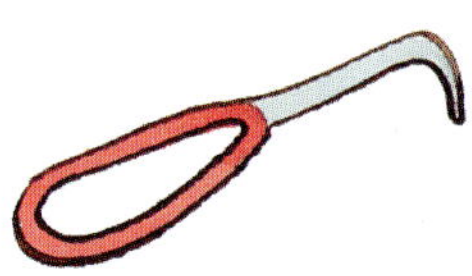	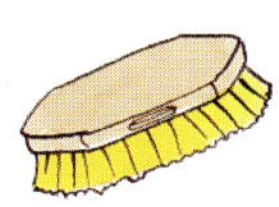	

TESTE TES CONNAISSANCES

5 Sur ce dessin, donne les noms des trois parties du cheval

1

2

3

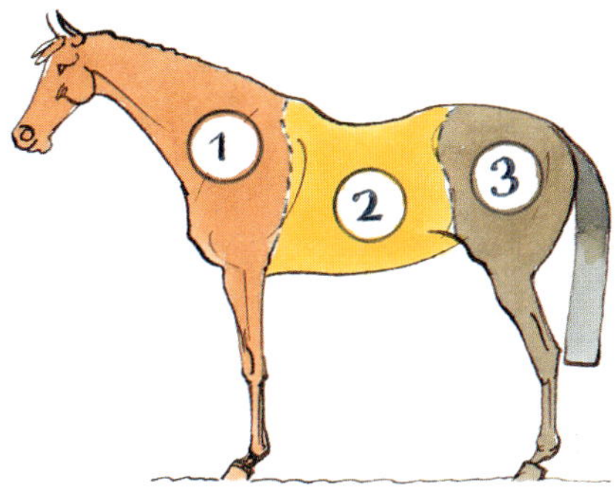

6 Comment se nomment les traces blanches situées sur les membres ?

❏ balzane ❏ liste ❏ ladre

7 Coche ce qui est juste

❏ un cheval alezan n'a aucun poil blanc

❏ un cheval bai a des crins noirs

❏ la jument isabelle a des crins noirs

❏ le poney pie a toujours des plaques de poils blancs

8 Coche ce qui est juste

❏ le TREC est une discipline d'équitation américaine

❏ un Concours Complet d'Equitation comporte une épreuve de dressage

❏ le polo se joue avec un ballon

9 Cite 3 erreurs commises par ce cavalier qui se met en selle :

1

2

3

10 Pour faire tourner un cheval il faut :

❏ tirer en arrière du côté où l'on veut tourner

❏ se pencher en avant

❏ tourner son buste dans la direction à prendre

TESTE TES CONNAISSANCES

1 Numérote l'ordre d'utilisation des instruments de pansage.

N°		N°		N°	
	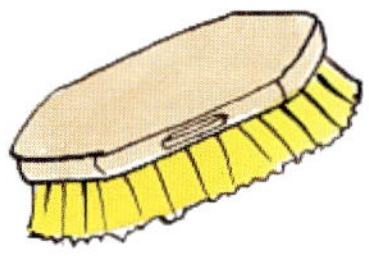				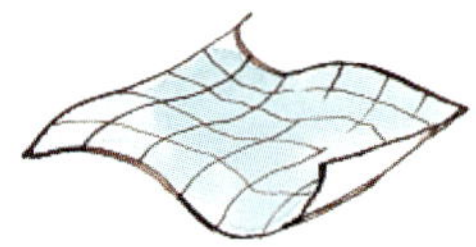

2 Note les noms des parties du bridon indiquées par des flèches

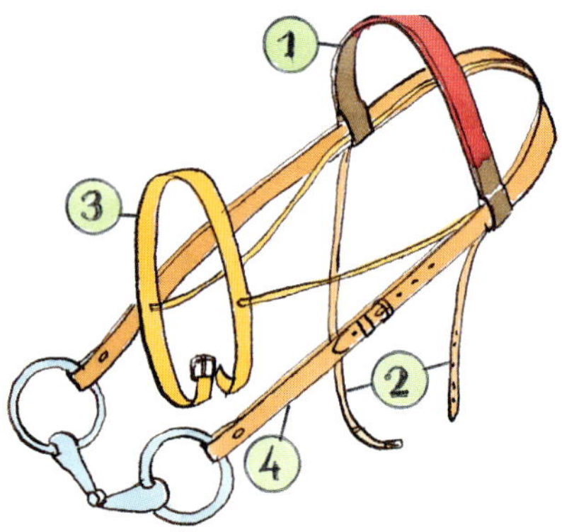

1 ....

2 ....

3 ....

4 ....

3 Un cheval ne peut pas avoir 4 balzanes

❑ Vrai ❑ Faux

4 Un cheval bai peut avoir un en-tête :

❑ Vrai ❑ Faux

5 Aides naturelles ou artificielles : coche les bonnes cases dans ce tableau :

Aides	mains	jambes	cravache	chambrière	poids du corps
Naturelles					
Artificielles					

6 Dans quel ordre faut-il utiliser ces produits d'entretien du matériel ?

❑ le savon glycériné avant la graisse ❑ la graisse avant le savon glycériné

TESTE TES CONNAISSANCES

7 Note 3 erreurs commises sur ce dessin

1

2

3

8 Note sur ce dessin 3 choses incorrectes

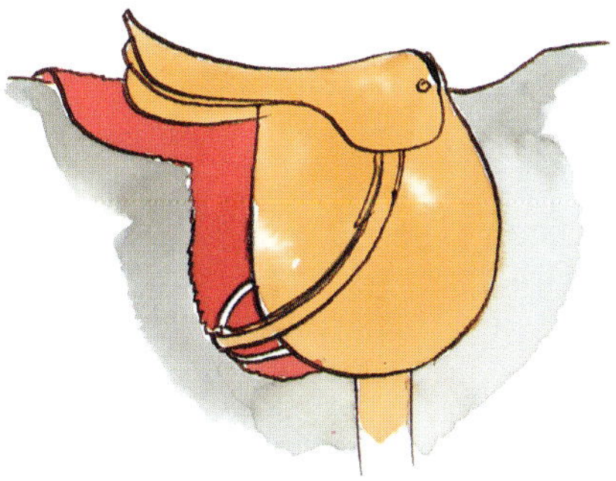

1

2

3

9 Note les noms de ces trois muserolles

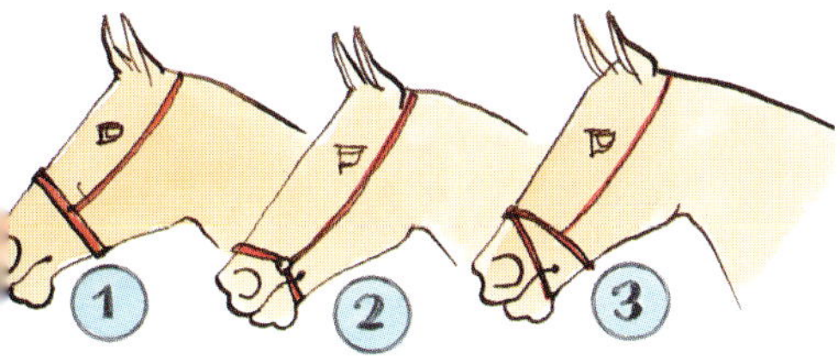

1

2

3

10 Note sur ce dessin 3 choses incorrectes

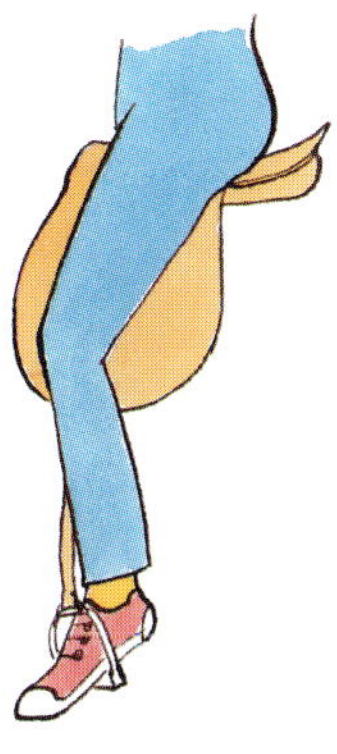

1

2

3

GALOP 3

TESTE TES CONNAISSANCES

1 Pour faire une litière on peut se servir de :
❏ paille ❏ papier haché ❏ copeaux de bois

2 Note sur ce dessin, les noms des parties du pied désignées par des flèches

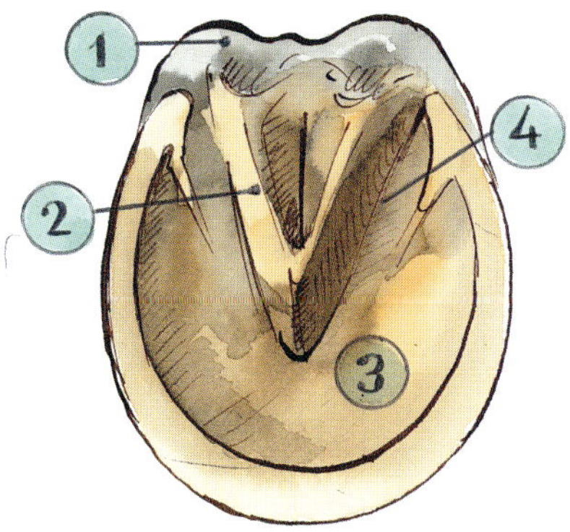

1 ....
2 ....
3 ....
4 ....

3 Note les noms des parties de la tête marquées par des flèches

1 ....
2 ....
3 ....
4 ....

4 Membre antérieur : note les noms des parties marquées par des flèches

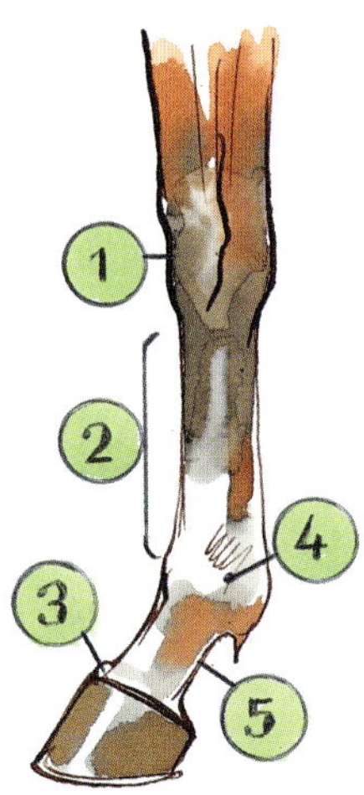

1 ....
2 ....
3 ....
4 ....

TESTE TES CONNAISSANCES

5 Note sur le dessin les parties du fer désignées par des flèches

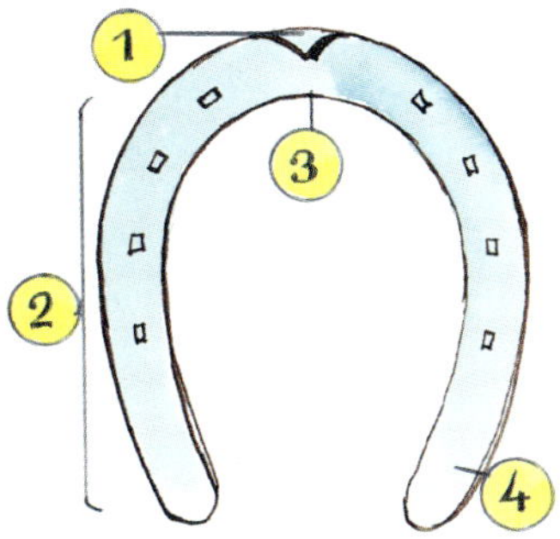

1 ....

2 ....

3 ....

4 ....

6 Temps et allures : remplis le tableau

Combien de temps dans ces allures	**galop**	**trot**	**pas**

7 Note les noms de ces obstacles

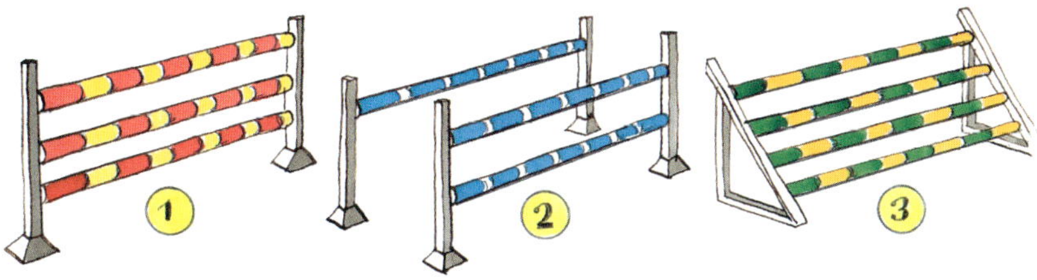

1 ....

2 ....

3 ....

8 L'entretien d'un box se fait

❏ tous les jours ❏ toutes les semaines ❏ tous les mois

9 Après avoir douché les membres il faut :

❏ sécher les plis des paturons ❏ graisser les fers pour qu'ils ne rouillent pas ❏ passer le couteau de chaleur sur les tendons

10 Note dans ce tableau les allures de ces chevaux

TESTE TES CONNAISSANCES

1 Note les noms de ces protections

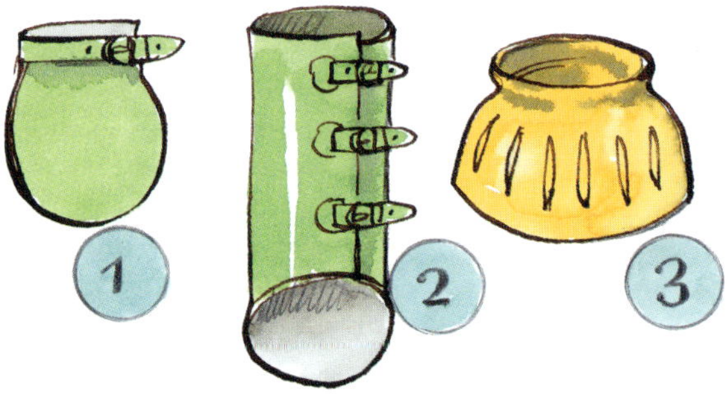

1 ....

2 ....

3 ....

2 Alimentation : numérote l'ordre de distribution des aliments

ordre			
aliments	**foin**	**grain**	**eau**

3 Coche dans ce tableau, les 3 parties du cheval qui doivent être protégées en priorité pendant le transport :

le haut de la queue	la nuque	le poitrail	les membres

4 Sur quel pied ce cheval doit en principe partir au galop

Il va partir sur le pied ....

5 Dans ce manège, quel cavalier a la priorité :

Cavalier 1 ❑
Cavalier 2 ❑

TESTE TES CONNAISSANCES

6 La ration alimentaire du cheval est déterminée en fonction de quels critères ?
❑ le poids du cheval ❑ la taille du cavalier ❑ l'activité du cheval

7 Abreuvement : coche ce qui est juste
❑ le cheval ne boit qu'une seule fois par jour ❑ s'il est en sueur, il doit boire de l'eau très froide ❑ s'il a chaud, il doit boire en petites quantités

8 Note sur le dessin du manège, les lettres qui manquent :

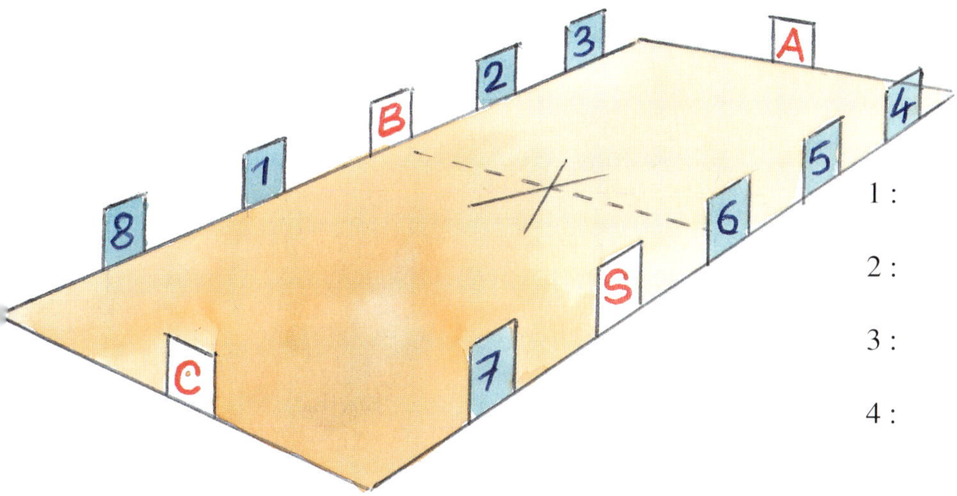

1 : 5 :

2 : 6 :

3 : 7 :

4 : 8 :

9 Quelle est la couleur du balisage du Tourisme Equestre
❑ vert ❑ rouge et blanc ❑ orange

10 L'une de ces deux guêtre est posée à l'envers : laquelle ?
❑ guêtre 1
❑ guêtre 2

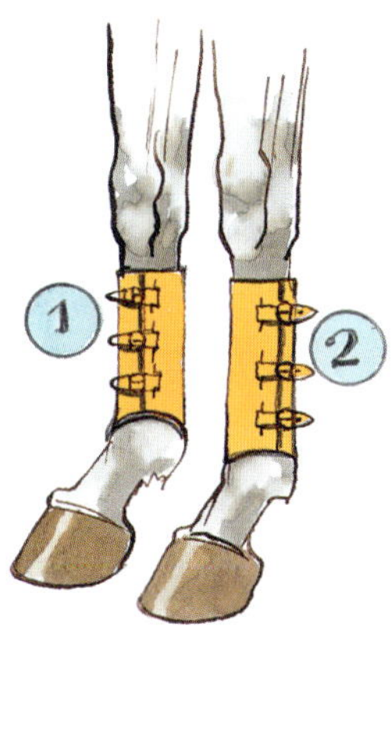

CORRECTIONS TESTS

GALOP 1

1 ❑ Incliner le buste en avant

2 • pointes de pieds vers le bas
• assis trop en arrière
• reins trop cambrés

3 • Alezan : **1**
• Bai : **2**
• Gris : **3**

4 • cure-pieds : **1**
• brosse ou bouchon : **2**
• étrille : **3**

5 • avant-main : **1**
• corps : **2**
• arrière-main : **3**

6 ❑ Balzanes

7 ❑ un cheval Bai a les crins noirs
❑ une jument Isabelle a des crins noirs
❑ le poney Pie a toujours des plaques de poils blancs

8 ❑ Un concours complet comporte une épreuve de dressage

9 • la sangle n'est pas serrée
• il met le pied droit à l'étrier
• les rênes ne sont pas tendues

10 ❑ Tourner son buste dans la direction à prendre

GALOP 2

1 • étrille
• bouchon
• époussette

2 • frontal : **1**
• sous-gorge : **2**
• muserolle : **3**
• montant : **4**

3 Faux

4 Vrai

6 ❑ le savon glycériné avant la graisse

7 • la muserolle est trop basse
• la sous-gorge est entortillée
• les rênes pendent

8 • la selle est trop en arrière
• le tapis est trop reculé
• l'étrier droit est coincé sous la selle

9 • muserolle française : **1**
• muserolle allemande : **2**
• muserolle croisée : **3**

10 • les chaussures n'ont pas de talons
• les pointes des pieds sont vers le bas
• l'étrivière est trop longue

5

aides	mains	jambes	cravache	chambrière	poids du corps
naturelles	✗	✗			✗
artificielles			✗	✗	

CORRECTIONS TESTS

GALOP 3

1 ❏ paille
❏ papier haché
❏ copeaux

2 • glôme : **1**
• fourchette : **2**
• sole : **3**
• lacune latérale :**4**

3 • naseau : **1**
• commissure des lèvres : **2**
• nuque : **3**
• apophyse zygomatique : **4**

4 • genou : **1**
• canon : **2**
• couronne : **3**
• boulet : **4**
• pli du paturon :**5**

5 • pinçon : **1**
• branche : **2**
• voûte : **3**
• éponge : **4**

6 Galop : 3 temps
Trot : 2 temps
Pas : 4 temps

7 • vertical ou droit : **1**
• oxer : **2**
• barres de Spa : **3**

8 ❏ tous les jours

9 ❏ Sécher les plis des paturons

10 • Trot : **1**
• Galop : **2**
• Pas : **3**

GALOP 4

1 • protège-boulets : **1**
• guêtre : **2**
• cloche : **3**

2 • eau
• foin
• grain

3 ❏ haut de la queue
❏ nuque
❏ membres

4 • sur le pied droit

5 • cavalier 1 qui est piste à main droite

6 ❏ poids du cheval
❏ activité du cheval

7 ❏ s'il a chaud, il doit boire en petites quantités

8

1 : R	5 : V
2 : P	6 : E
3 : F	7 : H
4 : K	8 : M

9 • Tourisme équestre : balisage couleur orange

10 • Guêtre : 1 à l'envers

Collection «Nouveaux examens d'équitation»
dirigée par Claude Lux